シリーズ「遺跡を学ぶ」078

信州の縄文早期の世界

栃原岩陰遺跡

藤森英二

新泉社

信州の縄文早期の世界
—栃原岩陰遺跡—

藤森英二

【目次】

装幀　新谷雅宣
本文図版　松澤利絵

第1章　太古の人類を求めて

1　岩陰に太古の人類をさがす

谷あいの村

山国信州の東の端、長野県南佐久郡北相木村《きたあいきむら》。役場のある場所で標高約一〇〇〇メートル、人口八五〇人ほどの小さな山村である（図1）。夏は涼しく快適だが、冬には氷点下一〇度を下まわることもめずらしくない。

村のシンボルともいえる標高二一一二メートルの御座山《おぐらさん》（図2）はシャクナゲの花が有名で、各地から登山客が訪れる。この山付近から流れでる相木川（図3）は渓流釣りのメッカで、蛇行しながら村内を西に流れ、そのまま西隣の小海町に入り、千曲川に合流する。

村内には九つの集落が点在するが、交通手段として鉄道はなく、相木川に沿った県道が大動脈である。ただその県道にしても沿道にはコンビニなどなく、村内には信号機も設置されてい

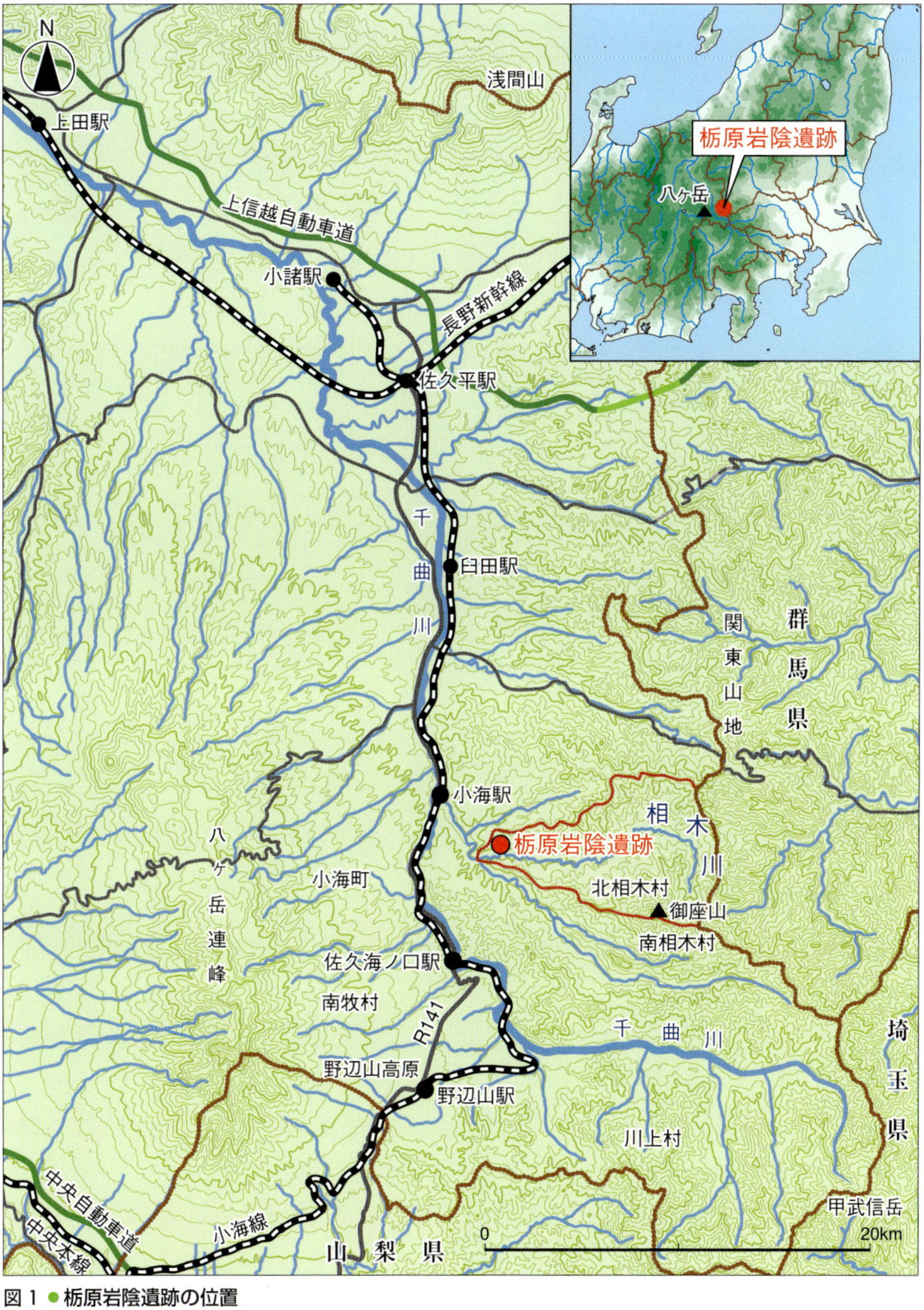

図１ ● 栃原岩陰遺跡の位置
北相木村は長野県の東端にあり、千曲川の支流相木川が村の中央を東西に流れる。栃原岩陰遺跡はその川岸、村の入口近くにある。

ない。この県道を東に行くと、標高約一五〇〇メートルのぶどう峠を越え、東に接する群馬県の上野村に抜ける。

小さな岩陰での発見

その県道がまだ全面的に舗装されていなかった一九六五年一一月二三日、二人の人物がこの小さな山村を訪れた。輿水《こしみず》利雄（図4）と新村薫《かおる》である。二人は地元長野県東部の佐久地方で、考古学の研究を地道に続けていた。

　輿水は、戦前には高名な考古学者である八幡《やはた》一郎による発掘調査に参加した経験があり、戦後も旧石器時代研究の礎となる現佐久穂《さくほ》町の池の平遺跡を、当時新進気鋭の研究者であった芹沢《せりざわ》長介に紹介するなど、佐久地域の考古学研究を推し進めた人物である。

　輿水の狙いは旧石器時代の人骨だった。当時、日本の考古学界では、長野県西筑摩郡開田《かいだ》村（現木曽郡木曽町）の柳又《やなぎまた》遺跡で出土した縄文時代原初とされる遺

図2 ● 北相木村内からみた御座山
標高2112m。上を向いた人面にもたとえられる。

物への関心と、長崎県の福井洞窟や新潟県の小瀬ヶ沢《こせがさわ》洞窟の成果などとが重なり、県内でも洞窟・岩陰《いわかげ》遺跡が注目されはじめていた。一九六四年には、樋口昇一や藤沢平治らが野沢南高校考古クラブと松本県ヶ丘《あがたがおか》高校風土記研究部の生徒を率いて、南佐久郡臼田《うすだ》町（現佐久市）の芦内《あしない》岩陰遺跡で本格的な発掘調査をおこなっていた。旧石器時代にとくに関心が深く、より古い時代の遺物とそれを残した人類の姿をさがし求めていた輿水が、佐久の洞窟・岩陰遺跡に狙いをつけたのも当然であった。

そこで仕事仲間でもあった新村を誘い、北相木の調査に出向いたのである。彼らはこの川沿いの集落の一つである栃原《とちばら》地区で、小学生から骨の出る洞窟（岩陰）についての話を聞いた。さっそく栃原地区の東栃原二七七番地にある岩陰に行ってみると、野菜の室《むろ》に使用されていた場所から、人骨らしき骨片と縄文早期の土器片が拾えたのである。

「これは一大事だ！」

図３ ● 清流、相木川
滝となる箇所もあるが、このように比較的おだやかな流れも多くみられる。渓流釣りのメッカでもある。

たしかにそれは現代の人骨などではなく、一緒に発見された土器からみても、かなり古い時期の人骨であるにちがいない。しかも、人骨の残りにくい山国の信州でである。すでに考古学をとおして、過去の世界への扉を開く魅力に取り憑かれていた二人は、その興奮を抑えることができなかったであろう。

こうして二人は人骨（後に一号人骨とよばれる）を含む遺物を採取し、翌日には信州大学医学部第二解剖学研究室と松本市立博物館に連絡をとっている。

これが、一万年前にさかのぼる、太古への旅の入口であった。

図4 ● 発見者・輿水利雄
佐久の考古学を牽引した一人。写真は栃原岩陰遺跡で娘さんと。

学術調査の開始

連絡をうけた信州大と松本市博は、翌々日の一一月二五日から打合せをおこなう。当然、山国信州での古人骨発見という重要性を見逃すはずがなかった。それは、四日後の二九日にさっそく現地にむかっていることからもわかる。

そして一二月の九、一〇日に予備調査が、一五～一八日には本格的な発掘調査がおこなわれた（図5）。前述の人骨（一号人骨）のほかに、非常に残りのよい複数の人骨と土器などを発

図５●**調査時の栃原岩陰遺跡**
上：1965年12月、第一次調査時の様子。現在とは景観も大きく異なり、厚い堆積がみてとれる。
下：調査が進んだ様子。写真の下が相木川の流れとなる。

見した（図6）。

こうして栃原岩陰遺跡に学術的な調査のメスが入り、さらにこの後、じつに一〇年を超える発掘調査に発展していくのである。

なお、このときのメンバーには、松本市立博物館の小松虔《けん》、信州大学医学部第二解剖学研究室の鈴木誠、香原志勢《ゆきなり》、西沢寿晃《としあき》、信州大学地質学教室の藤田敬《たかし》といった、その後の調査で中心的な役割を担う顔ぶれがそろっていた。

人骨発見の驚き

当初、旧石器時代の人骨を発見することを狙っていた輿水は、「結果は縄文早期の人骨発見、旧石器人骨にはまだまだ道は遠いらしい」と、当時の心境を雑誌『信州ローム』の「栃原遺跡特集」に書き残している。

それでも、この人骨の発見は重要なことだった。酸性土壌の多い日本では、骨などの有機質は通常分解されてしまって後世に残りにくい。例外としては貝塚がある。多量の貝殻から出るカルシウム分が土壌をアルカリ性に保ち、加えて水に溶けた炭酸石灰が保護して、動物骨や人

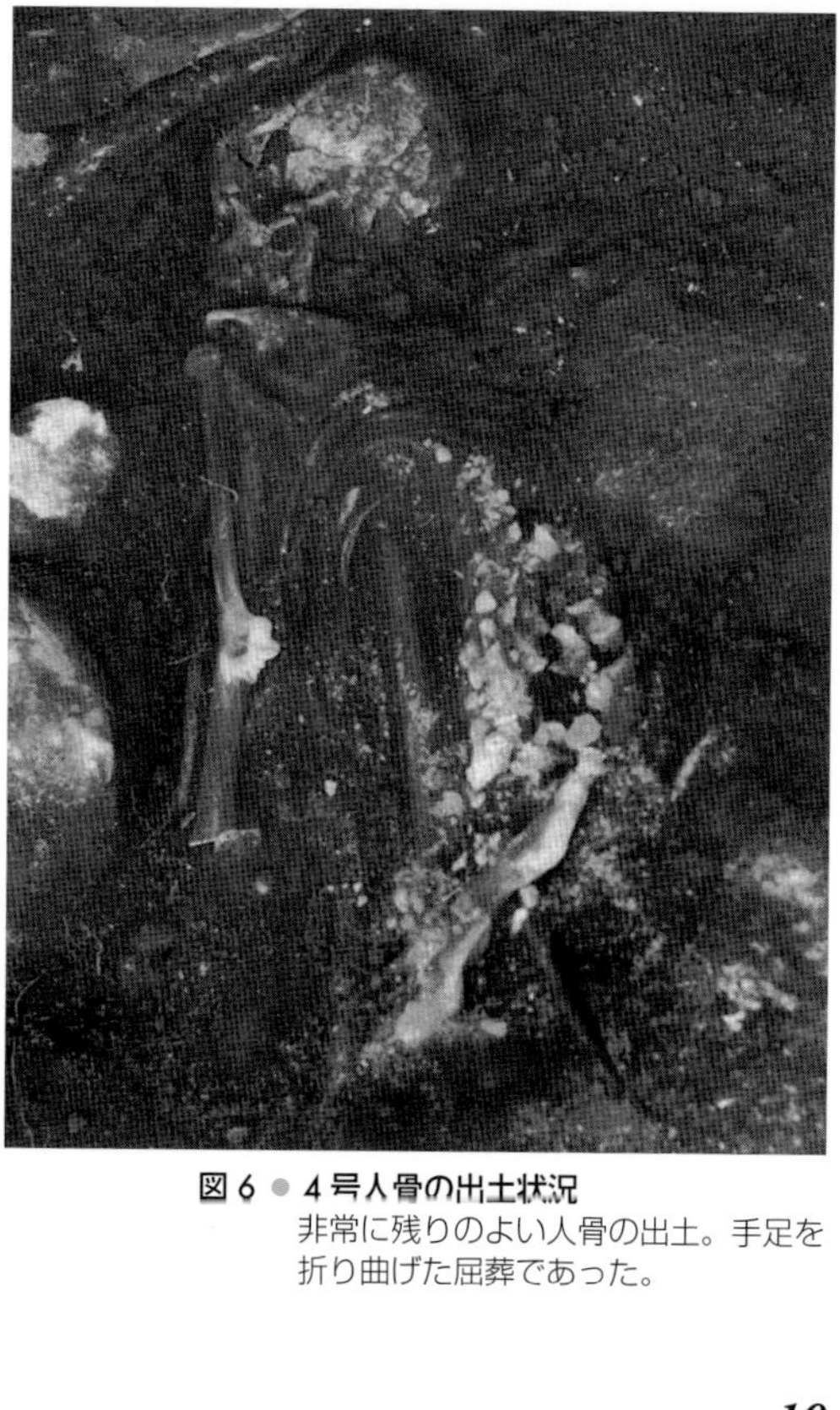

図6 ● 4号人骨の出土状況
非常に残りのよい人骨の出土。手足を折り曲げた屈葬であった。

骨が分解されずに残る場合が多いのだ。しかし、海のない長野県内では貝塚は望むべくもない。そのほかに湿地の遺跡などでも発見される場合があるものの、ごく少数にすぎない。だからこそ、栃原岩陰遺跡での人骨の発見は重大なことだった。

しかも、栃原岩陰遺跡での人骨の保存状態は、すこぶる良好であった。部位によっては、現代の人骨と見分けがつかないほどだ。縄文早期の人骨としては日本列島のなかでも五本の指に入るとする研究者もいるくらいである。この保存状態の良さはなぜなのか。一つには、岩陰は温度や湿度が比較的一定だということがある。一九九九年の地質調査では、岩陰をかたちづくる壁面の内部は、冬季の二、三月でも温度がおよそ一から二度、土壌水分もほぼ一定しており、雨水の染みだしも少ないことが明らかとなっている。

そしてもう一つの大きな理由は、残された多量の灰にあった（図7）。

調査当時、信州大学で、遺跡でみつかった灰と大学で使っていた薪ストーブの灰をX線解析装置により分析したところ、両者が同様ものであることが判明した。つまり、縄文人が岩陰で木を燃やしたときにできた

図7 ● 調査途中でみつかった灰層
白くみえるのが灰層。このような灰層が、レンズ状にいくえにも重なっていた。

灰が酸性土壌を中和したことで、貝塚にまさるとも劣らないほど骨類がきわめて良好に保存されていたのである。

後に、栃原岩陰遺跡が「山国の貝塚」「縄文早期のタイムカプセル」とよばれることになるその要因は、縄文人がさかんに火を焚いて残った灰にあったのだ。

2　どのようにして岩陰はできたか

佐久という土地

北相木村を含む長野県東部の佐久地域は、東から南に関東山地、西には八ヶ岳連峰、そして北側にはいまも噴煙たなびく浅間山がそびえ、四方を山でかこまれている（図1参照）。

このなかを流れるのが千曲川である。千曲川は、長野、山梨、埼玉三県の県境である川上村の甲武信岳《こぶしだけ》の山頂付近に端を発し、高原野菜で有名な南牧村《みなみまき》付近で北に向きを変える。そして八ヶ岳と関東山地の間に深い谷を削りながら、佐久市臼田付近で広大な平坦地、佐久平《さくだいら》に到達する。

この佐久平一帯では、弥生時代中期後半から古代、中世にかけての規模の大きな遺跡がいくつも発見、調査されている。また古代の七道の一つである東山道《とうさんどう》や官営の牧《まき》の存在など、山国といえども古くから中央政権とのかかわりが深く、交通の要地ともなっていた土地柄である。

やがて千曲川は上田盆地や善光寺平を通り、信越国境で名を信濃川に変える。佐久の山中に

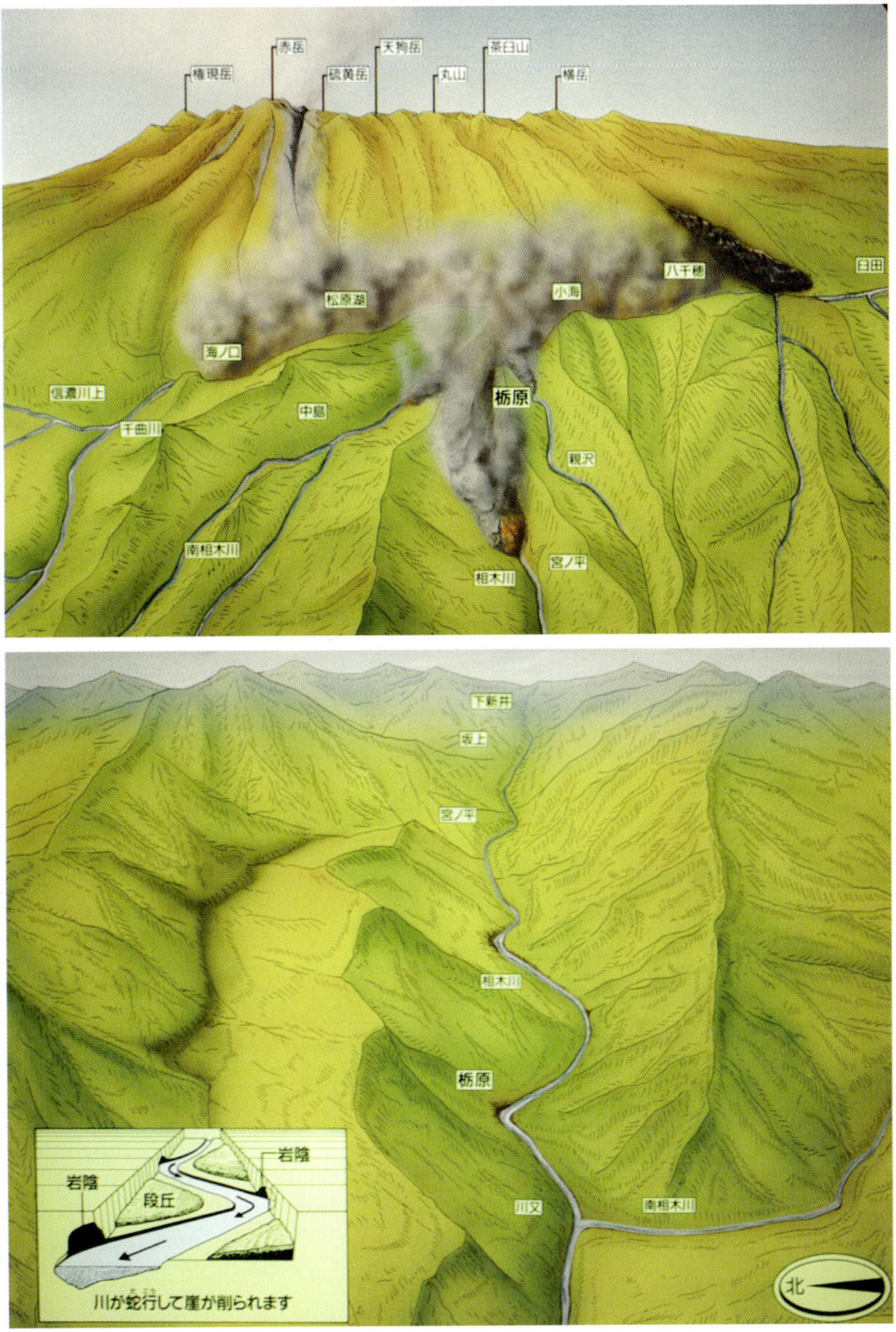

図８ ● 八ヶ岳連峰の噴火による泥流と岩陰の形成
上：八ヶ岳の噴火による千曲川泥流の流出で、相木川が埋められる。
下：相木川の浸食により崖が削られ、岩陰ができていく。

端を発した大河は、日本海に向かうのである。

火山、八ヶ岳の膨大な泥流

本書の舞台となる栃原岩陰遺跡は、この大河の支流の一つで、関東山地西部の御座山北麓を源とする相木川の右岸にある。このあたりはもともと秩父帯とよばれる古生代〜中生代の古い地質からなり、浸食が進んだ複雑な地形が多い。

佐久北端にある浅間山は現在でも噴煙を目にすることが少なくないが、佐久地域の西に連なる八ヶ岳連峰も、かつては活発な火山活動を続けた火山の列で、その火山活動が栃原岩陰ができたことに大きくかかわっている（図8）。

火山の周辺では、噴火や大雨などによって、水分を含んだ土砂や火山砕物が流れだす泥流（火山砕屑岩流）とよばれる現象が起こることが知られている。なかには自動車を遥かに超えるような巨大な岩やブロック（岩体）を含んでいることも多い。

図9 ● 相木川右岸にそびえる泥流
八ヶ岳起源の泥流は、場所によっては高さ40mの垂直な崖になる。写真は小海町中村。

八ヶ岳周辺には、この泥流がいたるところに分布しており、小海町から北相木村、南相木村の相木川沿いの谷間には、それがいくえにも重なり、現在でも四〇メートル近い高さの崖をかたちづくっている。

栃原岩陰遺跡付近には、後期更新世《こうしんせい》（約一三万年〜約一万年前）の千曲川泥流（図9）が分布しており、これは八ヶ岳の硫黄岳《いおうだけ》付近の崩壊によるものと考えられている。いずれにせよ、それらは八ヶ岳から千曲川の谷を越えて流れくだってきた、恐ろしいほどの自然現象といえる。

岩陰（ノッチ）の形成と栃原岩陰遺跡

泥流で相木川沿いの谷は埋まった。しかし川はふたたび谷間を流れはじめる。この川の流れは、新しくできた崖面の弱いところを削っていく。とくに川が蛇行し、その流れがぶつかるところでは、泥流の崖面を大きく削り、ノッチともよばれる岩陰が形成されていく（図8参照）。このようにして、相木川周辺には岩陰が無数に存在するのである。その数は北相木村内だけでも大小一〇〇を超える。

これらの岩陰は、川が谷を刻むごとに形成されるので、原則的にはより高い位置にある岩陰ほど、できたのは古いことになる。現在、栃原岩陰遺跡は相木川の河床面から約八メートル高い位置にあるが、栃原岩陰にはじめて縄文人が訪れたのは、まだ離水して間もない、当時の川原に面していたころだった。

第2章　分厚い生活の痕跡を掘る

1　生活の跡はどの深さに

大発見の期待

ここでもう一度、一九六五年当時に戻ろう。輿水と新村から発見の連絡をうけた信州大学と松本市立博物館は、この年の調査、すなわち第一次調査で、人骨六体と「押型文《おしがたもん》」という縄文時代早期の土器片、そしてさまざまな石器、動物の骨でつくった装身具などを発掘した。このときには、深いところで地表下約二メートルまで調査している（図10）。

発掘当初は、二メートルほども掘れば遺跡の様相はつかめると考えていたらしい。ところが、翌年の五月に第二次調査をおこなったところ、二メートルより深いところにも遺物が含まれていることが判明した。調査は終わるどころか、まだ始まったばかりだったのである。

こうして以後、一九七八年の三月にいたるまで、計一五回におよぶ発掘調査が続けられたのだ。

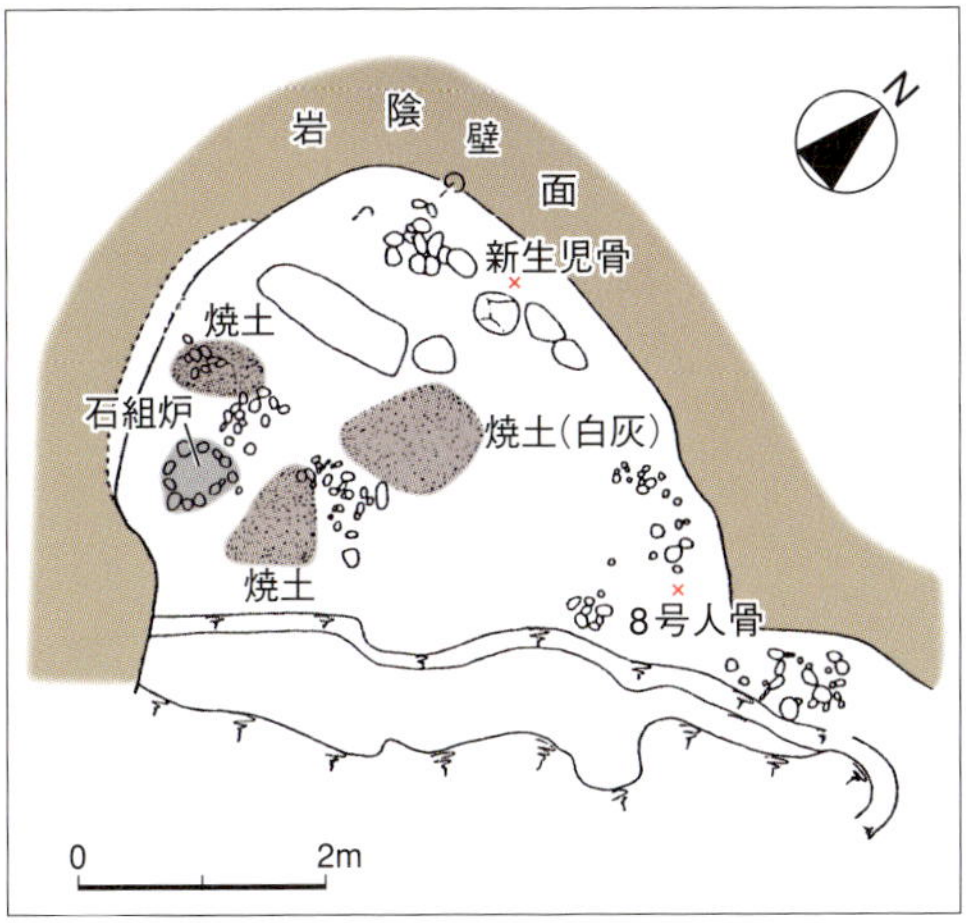

図10 ● 深さ2.3mの調査区
面積は狭いがたくさんの炉や焼土がみられる。当初は、これより浅い部分で遺物が出土するのは終わりかと思われていたが、さらに深いところでみつかることとなった。

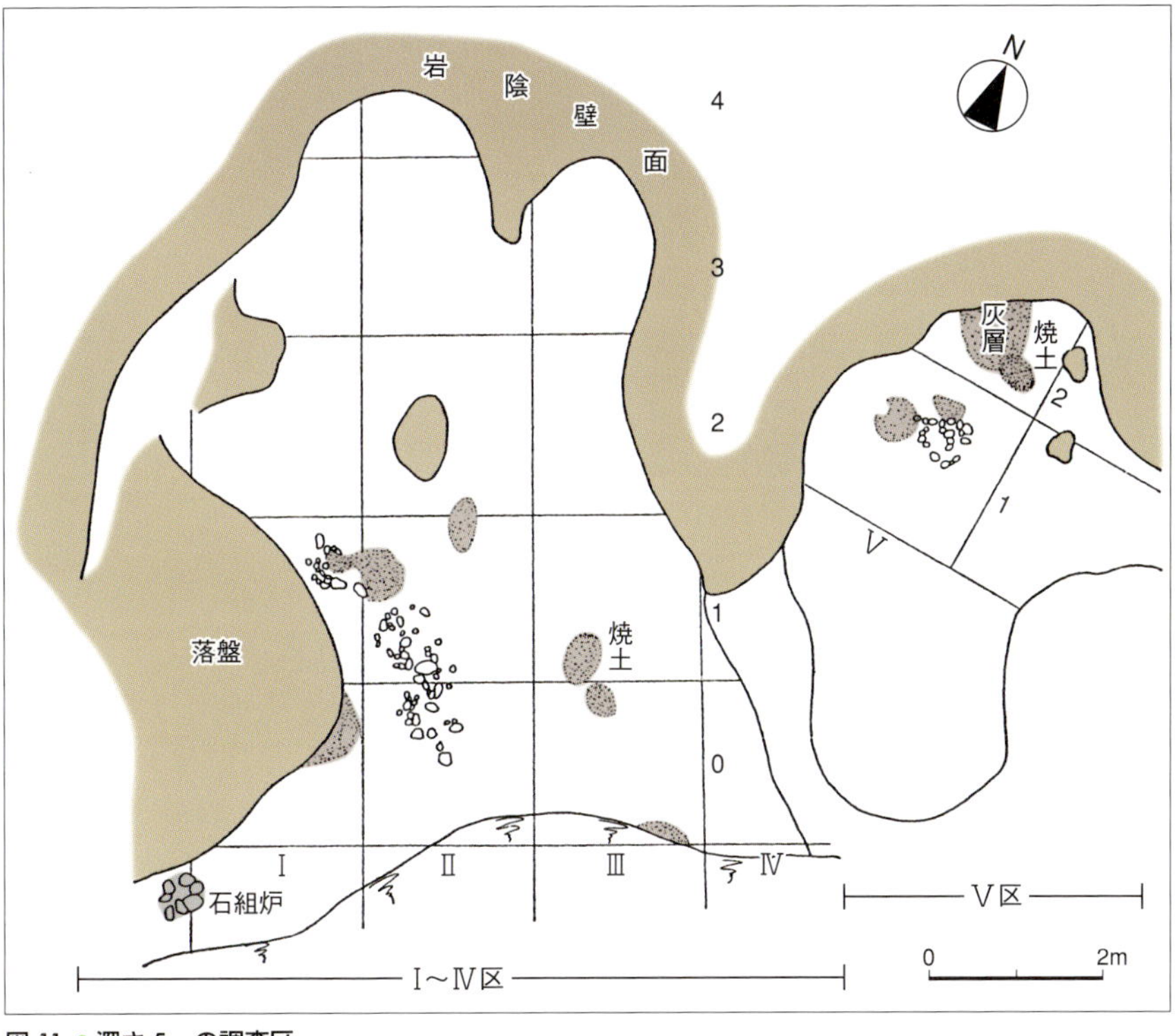

図11 ● 深さ5mの調査区
図10にくらべ、下部にいくほど岩陰の面積は広くなっている。大きく落盤した跡もある。ここでも炉や焼土がみられる。

進む発掘調査

発掘は、まず岩陰を南北に長いⅠ〜Ⅲ区の三つの区画に区切り、第三次調査からはこれをⅠ〜Ⅳ区に拡大しておこなわれた（図11）。さらに、それぞれの区は二メートル四方の正方形のグリッドに分けられ、遺物の出土位置の記載もこれに沿って進められた。

調査団が適宜作成した包含層の断面図（図12）でわかるように、岩陰内の層位はきわめて複雑である。加えて相木川沿いの岩陰内部には、天井や壁が崩れ落ちた落盤が多量に含まれている。これには調査団も手を焼いていたようだ。

そのために、遺跡の発掘調査ではふつう、土の成分あるいは色調や固さなどから層位を分け、それを単位に調

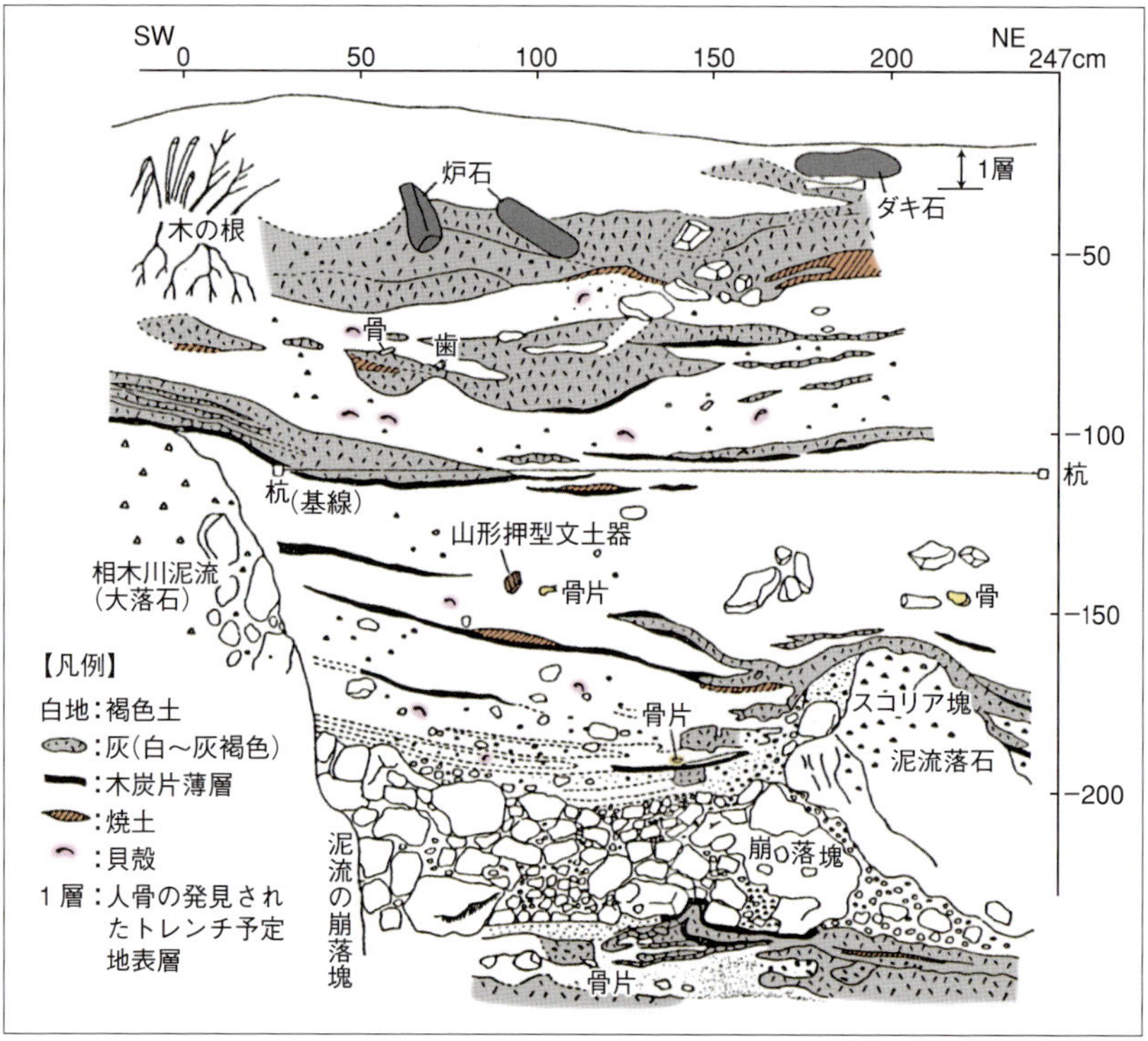

図12 ● 調査途中の土層断面図
灰層や焼土、さらには落盤を含んだ複雑な堆積で、ところどころに土器片、骨片、炉石などがみられる。

査・記録をおこなうのであるが、栃原岩陰遺跡の調査では、調査開始時の地表面から主に一〇～二〇センチ単位で人工層位を刻み、調査が進められた。

この方法では、出土した遺物や遺構の正確な層位がつかめないことから、遺物と遺構をそれらが出土した深さ、つまり地表からの深度でしか把握できなかったことを惜しむ声を耳にすることがある。しかし、もし通常のような方法を採用していたならば、複雑な堆積と落盤、そして膨大な遺物や遺構の量から、調査はおそらく数倍、いや数十倍の時間が必要であっただろう。

一方、遺跡の目の前を流れる相木川の河原では、学生がグリッドや人工層位ごとに取り上げた土をふるいにかけた。岩陰内の調査時には見落としてしまう細かな遺物の多くは、この時にみつかっている。

上部・中部・下部の三つの区分け

このようにして地表下約五・六メートルまで発掘したところで、遺物を含まない厚さ約四〇センチの旧河床面とされる砂層に達した。この面より下には遺構はない。Ⅰ～Ⅳ区の調査は一応の目処がついた。

この結果、遺物の出土状況などから、岩陰内部の遺物包含層は大きく三つに区分できると考えられた。その後の新しい研究による若干の修正を加え、以下に説明しよう。

まず地表面からおおよそ深さ一メートルまでを「上部」とする。出土した土器から縄文時代早期中ごろ、押型文期の末以降と考えられる部分である。遺物の量は総じて少ない。

つぎに深さ一～三・八メートル付近までを「中部」とする。出土した土器は早期前半の押型文系土器が主体となる。遺物量では差があるが、とくに深さ二～三メートルでは多量になる。また埋葬された人骨は、深さ一・五～二メートル前後に集中している。

そして、いったん減じた遺物量がふたたび増加する深さ三・八メートル以下を「下部」とする。表裏に縄文や撚糸文《よりいともん》が施された土器が中心に出土している。これらの土器の時間的位置づけについては研究者により幅があるが、おそらくは早期はじめを中心とした土器群と考えられる。

以上の三つの区分で、土器、石器、骨角器など遺物の量や種類に明確な差を認めることができる。

地域の住民と一体になった発掘調査

これらの調査の期間中、調査団は村の人びととの交流も深めた。現在でも村の人びとからは、夕飯を提供した話や、一緒に調査に参加した思い出を聞くことができる。

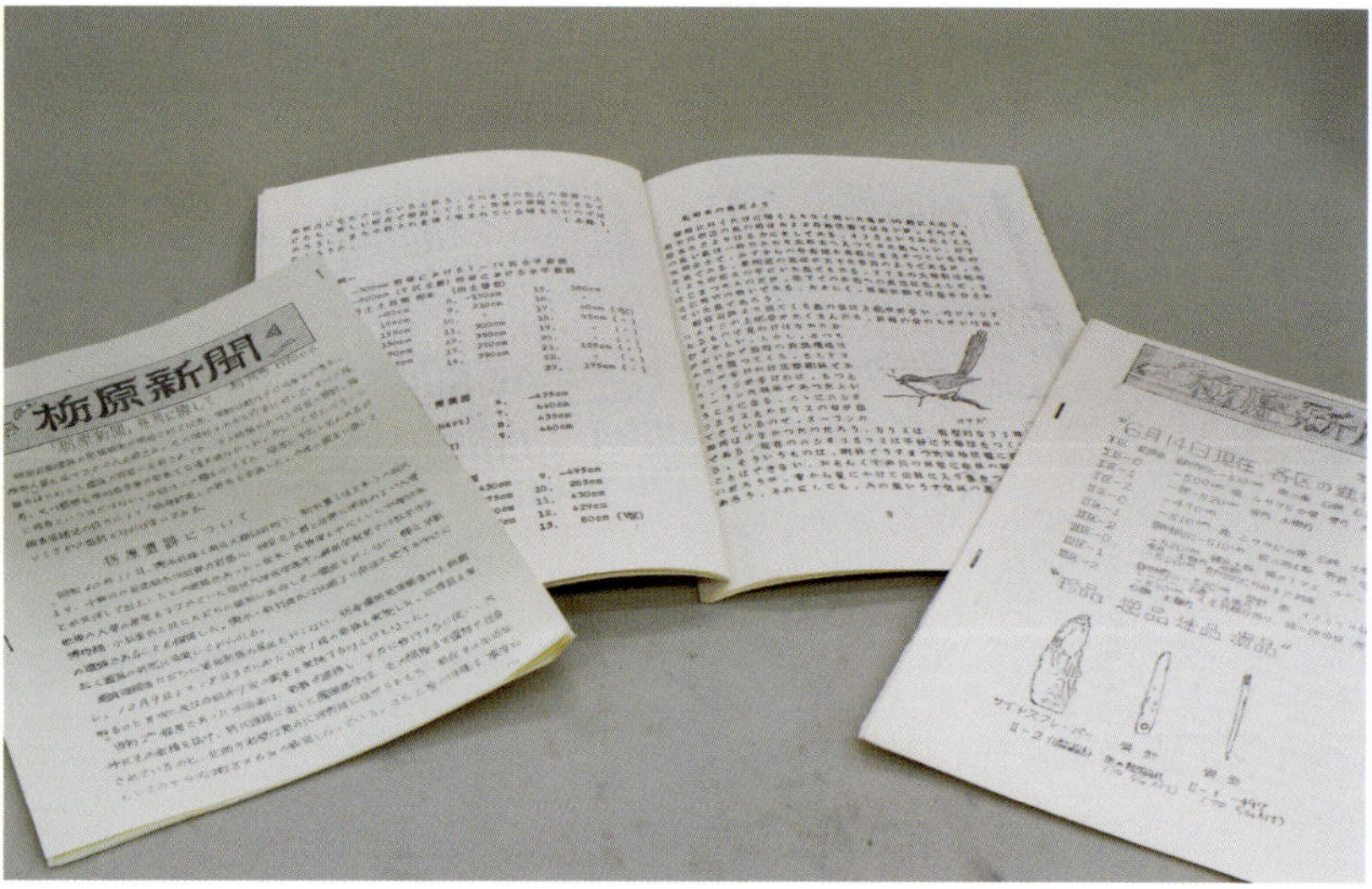

図 13 ●「栃原新聞」
調査団と地元の人びとを結びつける役割を担った。また、今日でもその記録が遺跡の復元に役立っている。

調査団の学生たちは、近所の民家に寝泊りをさせてもらうなど、まさに寝食をともにしていたのである。

調査団は「栃原新聞」というガリ版刷りの冊子をつくり、関係する家庭などにも配っていた。この紙面には、調査団の首脳陣が使っていた宿の女将さんとの愉快なエピソードや、住民むけにおこなった説明会の様子が紹介されていて、当時の楽しげな雰囲気や、調査に参加した人びとの人柄までも伝わってくる（図13）。

またこの新聞は、発掘調査の生の記録としても重要であり、実際に今日でもその記録が遺跡の復元に大いに役立っている。

考古学がだれかの土地を掘り、その記憶をたぐり寄せる学問である以上、地域社会との関係は重要なのである。「栃原新聞」を手にとると、そんなことを思い起こさせてくれる。

2　遺跡はどこまで広がる

広がる時代と遺跡の範囲

このⅠ～Ⅳ区の調査をもって、一連の発掘調査は一応の完結をみた。しかし、松本市立博物館の小松虔は、それより東側の部分、さらにはそれに続く未調査の岩陰部に強い関心をもっていた。

そして一九七四年から一九七八年には、Ⅰ～Ⅳ区の東側に設定したⅤ区を中心に調査がおこなわれた（図11参照）。ここでも縄文時代を中心とした豊富な遺物が出土。とくに早期中ごろから後半の土器資料が充実している。

こうして調査は順調に進んでいたが、一九七三年には、調査団の中核を担っていた信州大学の鈴木誠が病死するという不幸にみまわれていた。また、考古学のエキスパートたる小松自身も、一九七九年、突然帰らぬ人となってしまう。一連の調査の報告書作成やさらなる調査の計画は暗礁に乗り上げてしまう。

そんななか、初期の調査にも参加していた立教大学の香原志勢が団長となり、一九八三年、当時「第二期」とよんだ発掘調査が実施されることとなった。この調査では、V区のさらに東側に広がる斜面、そしてその背後にある、地元の人が「天狗岩」とよぶ大きな開口部に目がむけられた。以下、本書でも、これまでみてきた西側の岩陰を「栃原岩陰部」、そしてこの東側の岩陰を「天狗岩岩陰部」としておこう。調査は、この二つの開口部にはさまれた斜面部を舞台としていた（図14）。

この調査は一・六×四・六メートルのトレンチ（一九八三年調査区）という小規模なものであったが（図15）、その後の栃原岩陰遺跡調査を意味づけるうえで重要な発見があった。縄文時代早期中ごろから後半、同じく前期、中期、そして中世の遺物が、土器を中心に出土したのである。これまでの調査にくらべ遺物の量は少量だが、栃原岩陰遺跡が長期間にわたって利用されていたことが明らかになった意義は大きい。

同時に、小松が強く意識していた東側の開口部にも人びとの生活痕が残されていたことは、

図 14 ● **栃原岩陰部と天狗岩岩陰部**
1983 年の踏査風景。向かって左下が栃原岩陰部、
右上が天狗岩岩陰部に続く。

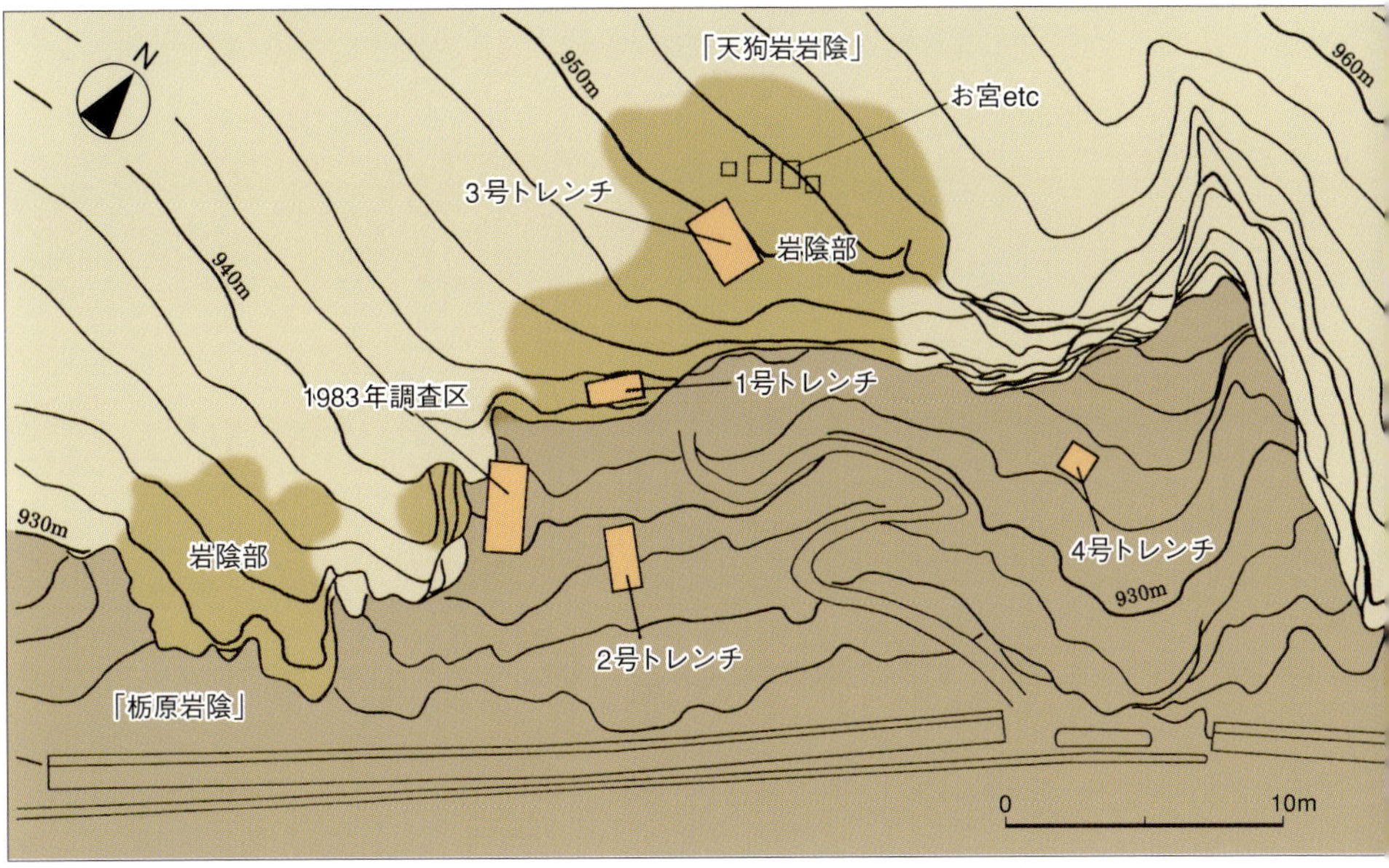

図 15 ● **栃原岩陰遺跡の平面図**
栃原岩陰遺跡は複数の開口部があり、大きくは栃原岩陰部と天狗岩岩陰部
となる。図中の「1 ～4 号トレンチ」は 1999 年の調査。

栃原岩陰遺跡の範囲を大きく拡大することにもなった。

国史跡の指定と博物館建設

調査当時から、栃原岩陰の調査成果は新聞などのマスメディアでも大きく取り上げられ、地元での関心も一気に高まった。やがてそこから、自分たちの土地に残された歴史を大切に守り、さらに多くの人に知ってもらおうという機運が高まってきた。これをうけて、北相木村は国にむけ「国史跡」の申請をおこなう。その結果、岩陰遺跡としての重要性や人骨をはじめとした貴重な遺物の学術的価値が認められ、一九八七年、文化庁よりその指定をうける。そしてこの時以降、「栃原岩陰部」と「天狗岩岩陰部」を含めたかたちで、「国史跡栃原岩陰遺跡」と呼称されるようになる。

さらに、村ではこの歴史遺産を後世に残し広く知ってもらおうと、展示施設の建設を計画した。調査団もこれを理解し、主に西沢と藤田の指導のもと、一九九二年、北相木村考古博物館が開館した。小さな自治体の歴史系博物館としてはめずらしく、展示内容のほとんどを一遺跡にしぼっていることからも、栃原岩陰遺跡の重要性がうかがい知れる。

私と栃原岩陰遺跡の出会い

ところで、一九七二年生まれの私は、栃原岩陰遺跡が発見された当時はまだ生まれていない。この遺跡と最初に出会ったのは大学生だった一九九四年の夏、長野県の小県《ちいさがた》郡長門《ながと》町（現長和《ながわ》町）にある、黒曜石原産地として知られている鷹山《たかやま》遺跡群の発掘調査に参加した、その帰り道だった。私を含め学生四人で佐久地域の遺跡や遺物をみてまわった際に、栃原岩陰遺跡を訪れている。といっても遺跡はバスで通りすぎただけなのでほとんど記憶にはなく、澄んだ清流の流れと、近代的な北相木村考古博物館を見学したことが印象に残っていた。

その後、大学の恩師である戸沢充則《みつのり》先生から、就職先として北相木村考古博物館の学芸員の職を紹介されたのが、栃原岩陰遺跡との付き合いのはじまりだった。

保存整備の開始

こうして一九九六年に北相木村の職員になった私は、一九九八年から栃原岩陰遺跡の保存事業に取り組むことになった。最初の発掘調査からすでに三〇余年、本来あった堆積土が取り除かれた岩陰内部は整備がされておらず、周辺の土砂にふたたび埋もれてしまいそうな状態であった。泥流の壁面も崩落の危険にさらされている。なんとか遺跡を現状のまま保存できないかという課題がもち上がっていたのだ。

そこでまず整備事業に関する専門の委員会を組織した。地元の関係者に加え、発掘調査団のメンバーからは人類学の西沢寿晃、同じく香原志勢、貝の専門家である藤田敬、地質学の熊井久雄が参加した。さらに考古学からは宮下健司、戸沢充則といった、まさにそうそうたる顔ぶれである。

しかし、学術的な問題や地元の意向と国、県との意識のズレ、そして何より私自身の力量不足で、途中には数々の問題が発生した。ストレスによる頭痛に悩まされたりもした。結果的にはいくつかの地質調査や試験的施行を経て、栃原岩陰部への土砂流入を防ぎ、見学者の安全を確保しつつ、遺跡の理解を深めるための案内板を設置することになった。

一方、この間に実施した栃原岩陰遺跡の範囲を確かめるための天狗岩岩陰部の試掘調査では、大勢の仲間に協力してもらい、重要な成果を残すことができた。

天狗岩岩陰部の試掘調査

一九九九年、私たちは天狗岩岩陰部に四つのトレンチを設定し、調査をおこなった（図16）。落盤が多く、それぞれのトレンチでは深さ一メートルほどしか掘ることはできなかったが、岩陰内部（3号トレンチ）と前面のテラス部（1号トレンチ）では、ほぼ時代順に遺物の堆積がみられたことから、良好な遺物包含層が残されていると判断できた。一方、川側の傾斜部（2号トレンチ）は、遺物の出土はみられたものの、層順

図16 ● 天狗岩岩陰部の調査風景（3号トレンチ）
岩陰奥部の平坦な箇所に設けたトレンチ。大小の落盤を取り除きながらの調査だった。

や年代測定などから二次的な堆積土であり、また開口部から東側にはずれた傾斜地（4号トレンチ）では遺物はいっさいみられない。こうして遺物の包含層の範囲は、開口部とその前面に限定されることがほぼ明らかになった。

出土した遺物も興味深いものが多い。縄文時代では、前期と中期の土器片がみつかった。弥生時代前期・後期の土器も出土している。古代では土師器《はじき》片が出土。さらに一九八三年調査時出土のものと同一個体の可能性もある中世の内耳《ないじ》土器もみられた。これらに加え、近世では江戸時代の寛永通宝《かんえいつうほう》が一点出土している。

このように天狗岩岩陰部内部でも確実に遺物包含層が存在するのを確認した。

なお、この天狗岩岩陰部は、現在も地区の祭りの場であることや、将来的な発掘調査に備えるという意味で現状維持を決めている。

3　多方面の分析で追究

黒曜石の産地をさぐる

考古学は遺跡をただ掘ればいいというものではない。じつはその後が重要で、時間もかかる。一九八三年と九九年の調査については、面積もわずかで出土遺物もそう多くはなかったことなどから、それぞれその成果を報告書として刊行している。しかし肝心の栃原岩陰部の調査分については、個別の論考や研究、また全体的な概要報告は存在するものの、すべてを総括した報告書は刊行されていない。鈴木や小松のあいつぐ急死も大きな痛手であった。

博物館に勤めた私にとっては、これら遺物の分析と報告書の刊行も大きな仕事となった。

しかし、多岐にわたる栃原岩陰遺跡の遺物を私ひとりで読み解くのは不可能だ。まずは自分でも研究の経験があった石器の分析をおこなうことにした。

なかでももっとも出土量が多いのが黒曜石製の石器である。黒曜石は火山から噴き出した溶岩が固まってできた天然のガラスで、その割れ口が鋭いことから、旧石器時代以降、盛んに利器として利用されてきた。こうした黒曜石製の石器をはじめとして、栃原岩陰遺跡から出土した石器を細かく分類し計測することで、細かな時期ごとの道具立てや、その変遷を描き出していこうと考えたのだ。

私が企画した整理作業には、大学時代の先輩や後輩が何年も通って手伝ってくれた。なかでも中心になってくれたのが野口淳《あつし》と横山真《しん》である。とくに横山は、黒曜石原産地遺跡との比較や考察で大きな役割をはたすこととなる。

骨に挑む青年

石器の分析が一段落したころ、私の頭を悩ませていたのが骨類である。専門ではないことに加え、その出土量が膨大すぎた。正直にいって、何から手をつけていいのかわからない有様であった。

そんなころ、一人の青年が私の前にあらわれた。古生物学を志す利渉幾多郎《りしょういくたろう》である。すでに名前の出ている熊井のもとで学んでいた彼は、まず地質学の基礎を身につけるように指導され、卒業論文作成の際、相木川沿いの岩陰地形の調査にあたった。彼はバイクにまたがり測量用のポールを担いで村中を走りまわった。これにより相木川沿いの岩陰分布図はより詳細になった。

そして、大学院に進学した利渉は古生物の分野に進み、博物館の収蔵庫で眠る膨大な獣骨を分析しはじめた。その後、足掛け六年以上、利渉が手がけた獣骨資料はおよそ七〇〇〇点。そのほぼすべてについて分類と計測が終了し、いくつかの興味深い考察もなされている。

栃原縄文人の新しい調査

動物骨の分析が軌道に乗り出すと、この遺跡の主役の一つともいえる人骨も気になりはじめた。しかし、これについては動物骨以上に、私にとってはまさに手も足も出ない。もっとも、すでに人骨についての研究や報告は、調査期間中から鈴木や西沢によりなされていたが、近年では新たな科学的な分析方法が開発され、各地の遺跡でも成果をあげてきていた。

ここにも研究の手を差しのべてくれる人があらわれた。まず二〇〇二年には、米田穣《みのる》が科学的に年代を割り出す放射性炭素年代測定と、摂取していた食料の傾向を示す安定同位体分析をおこなっている。

そして二〇〇三年、香原志勢のはからいもあり、これまで信州大学の収蔵庫に眠っていた一二体の人骨が、東京の国立科学博物館新宿分館に移管されることとなった。人類学の第一人者である馬場悠男《ひさお》や、長野県内の縄文人骨の分析経験がある茂原信生《のぶお》が中心となり、さらに細かな研究をおこなうためである。しかも、新宿分館には膨大な数の人骨が所蔵されており、それらとの比較・検討ができるばかりか、DNA解析の専門家も在籍しているなど、人骨研究では国内で屈指の研究所に、栃原人骨の研究は託されたのである。

そしてなお

このほかにも、中村由克《よしかつ》や山科哲《あきら》による獣骨加工の分析、明治大学古文化財研究所との共同による黒曜石製石器の科学的な産地推定など新しい研究もおこなわれている。また二〇〇七年からの整理作業では、佐久出身の井出浩正らにより、Ⅴ区出土の土器についてもあらためて分析が開始された。そして二〇〇九年秋、これまで別の場所で保管されていたⅠ～Ⅳ区出土の土器群が、再び一堂に会することになった。これにより、すべての土器について、現在の研究視点からくわしい検討がおこなえるようになったのである。さっそく二〇一〇年には、これら土器に付着した炭化物を使った放射性炭素年代測定を実施した。わずか五点の土器片ではあるが、その年代が科学的に測定されたのである。

このように、これまでの研究成果に加えて、最新の理化学的な研究も含めた分析と研究が着実におこなわれている。一見ばらばらに進められているようにみえるこれらの研究ではあるが、それらを総括して、栃原岩陰に暮らしていた人びとの生活を復元していくことが、私の新しい仕事である。では、次章から、こうした調査研究によって明らかになった縄文早期の栃原岩陰の世界をみていこう。

第３章　縄文早期はじめの生活を追う

１　いつやって来たのか

氷河期から温暖期へ

いまから約二万年前、地球は年平均気温が現在より七度も低い最終氷期をむかえるが、その後は温暖な気候になろうとしていた。しかし、およそ一万三〇〇〇年前に突如、寒の戻りともいえる寒冷期（ヤンガードリアス期）がおとずれる。平均気温は現在よりも五度以上低かったとされる。

日本列島でもこの間には土器の利用がはじまり、人びとは食生活の幅を広げつつあった。

それからいく世代かのときが流れた。およそ一万一五〇〇年前、今度は急激な気温の上昇が起こり、寒冷期は終わりをむかえたとされる。このころ人びとは、表面に縄を転がすことで文様をつけた土器を使うようになっていた。縄文土器を使用した時代、縄文時代が確かにはじまっていた。

川面からでた岩陰

極端な寒さが過ぎ去ろうとしている、そんな時期だろうか。ある家族が新しい生活の場所をさがし、千曲川を離れ、小さな流れ、相木川をさかのぼっていった。しばらく行くと、川沿いの崖に、天井までの高さが五メートル以上、広さ六〇平方メートルほどの岩陰があった。栃原岩陰である。

崖を削っていた川の流れが、川底をさらに削って水面が下がり、栃原岩陰はちょうど水面より出て空洞になっていた。川は岩陰のすぐそばを流れていただろう。岩陰内にはまだ堆積物も少なく天井が高い。格好の住み処となりえたにちがいない。

川伝いに歩いてきた家族は、そこに腰を落ちつけた。風雨をしのぐのはもちろん、目の前の川には魚や貝が潜み、あたりの山中にも豊富な食料がありそうだ。こうして彼らは岩陰での生活をはじめたのである。

多様な表裏縄文土器の出土

栃原岩陰に最初にやって来た家族がもっていたのは、底が尖っていたり丸底をした深鉢形《ふかばちがた》で、外と内の両方に縄を転がして文様をつけた土器だった。私たちが表裏《ひょうり》縄文土器とよぶ一群の土器である（図17）。

①口縁部に突起があるもの。表面（左）にも内側（右）にも縄文が施されている。

②口縁部が大きく反っているもの。裏面（右）は施文した箇所が剝がれている。

③口縁部直下に縄を押し当てた線状の模様があるもの。このタイプの土器は裏側に縄文がないか、あっても上部のごく一部のものが多い。

④粗い撚糸が施された土器。裏面（右）には横向きの施文。

図 17 ● 下部出土の表裏縄文土器など（写真内のスケールは左右 5cm）

これらは、深さ三・八メートル以下の「下部」で出土した土器の中心をなす。コンテナボックスで四〇箱を超える量が出土しており、内容もバラエティに富む。表裏縄文土器自体は、中部高地を中心に分布するものである。

栃原岩陰遺跡の遺物は、大枠で出土した深さが時間の前後関係を示している。つまり「下部」の土器は、確実に「中部」の土器よりも古い。しかし、時期がはっきりと早期といえる「中部」の土器に対して、「下部」の土器については、縄文時代の草創期末とするか早期はじめとするかで長い論争が続いてきた。

草創期末とすれば、更新世末のヤンガードリアス寒冷期に属することになる。一方、早期はじめということになれば、温暖な完新世《かんしんせい》の時代に入っていることを示す。「下部」の土器がそのどちらに属するかで、栃原岩陰遺跡に人が住みはじめた時代やその当時の自然環境が大きく異なってくる可能性があるのだ。

そこで、関東地方で早期はじめとされている撚糸文系の土器と比較しながら、栃原岩陰遺跡「下部」出土土器をみていこう。なお撚糸文系土器とは、やはり底が尖ったり丸底をした深鉢形で、棒に巻きつけた撚紐を器の表面に転がして文様をつけた（図18）土器のことである。

まず撚糸文系土器に似た部分をもつ土器として、口縁部が外側に反り、土器の裏面上部まで縄文を施した一群がある。口縁下には縄などによる一周する圧痕をもつものも散見できる（図

図18 ● 撚糸文のつくり方
撚った紐を棒に巻きつけ、これを回転させることで器面に文様をつけていく。

17③)。これは関東地方の撚糸文系土器でも初頭の井草《いぐさ》式土器の特徴とよく似ている。そして、口縁の反りが緩やかになり、やや間の開いた施文がされた、井草式に続く夏島《なつしま》式などと似た土器も含まれている。なかには縄文だけではなく、撚糸文が施文されたものもある（図17④）。さらにごく少数であるが、関東の撚糸文系土器そのものが認められる。たとえば図19に示した土器がそうである。

つまり、全体としては早期の撚糸文系土器に近いといえそうである。

しかし一方で、これらにあてはまらない土器も確認できる。内面の縄文が底部近くにまで伸びる土器である。一般的に、撚糸文系土器は文様の簡素化という傾向をもつといわれるが、これに当てはめれば、内側の底部付近まで文様をもつ土器は、より古い土器という予測も成り立つ。

また表面のみに縄文がある土器や、まったく模様のない無文土器もあり、これらの前後関係はつかめていない。

なお、図19のような関東の撚糸文系土器を除けば、

図 19 ● 関東地方の撚糸文系土器
深さ 4.40 ～ 4.80m 付近で出土。撚糸文系の稲荷台式土器と思われる。

胎土《たいど》に雲母《うんも》など鉱物を含むものが多い。また土器を整形するさいには帯状の粘土を重ねていくものだが、縄文の施された面に粘土の帯を重ねた痕跡が残るものも多く、全体形の完成前に施文した様子がわかる。

表裏縄文土器の絶対年代は

以上のように、栃原岩陰遺跡の「下部」出土の土器の型式的な分析はこれまでもおこなわれてきたが、二〇センチ単位での人工層位ごとの遺物の取り上げでは、中部地方に分布の中心をもつ表裏縄文土器と、関東地方に分布の中心をもつ撚糸文系土器との編年関係、とくに表裏縄文土器を草創期末とするか、早期のはじめとするかという肝心な問題は解決できないでいた。

このような問題に関して、近年では新しいＡＭＳ法による放射性炭素測定法が用いられるようになり、土器に付着したごくわずかな量の炭化物から、年代を割り出せるようになってきた。じつは調査団でも、かつて包含層に含まれていた炭化物をβ線計数法により分析していた

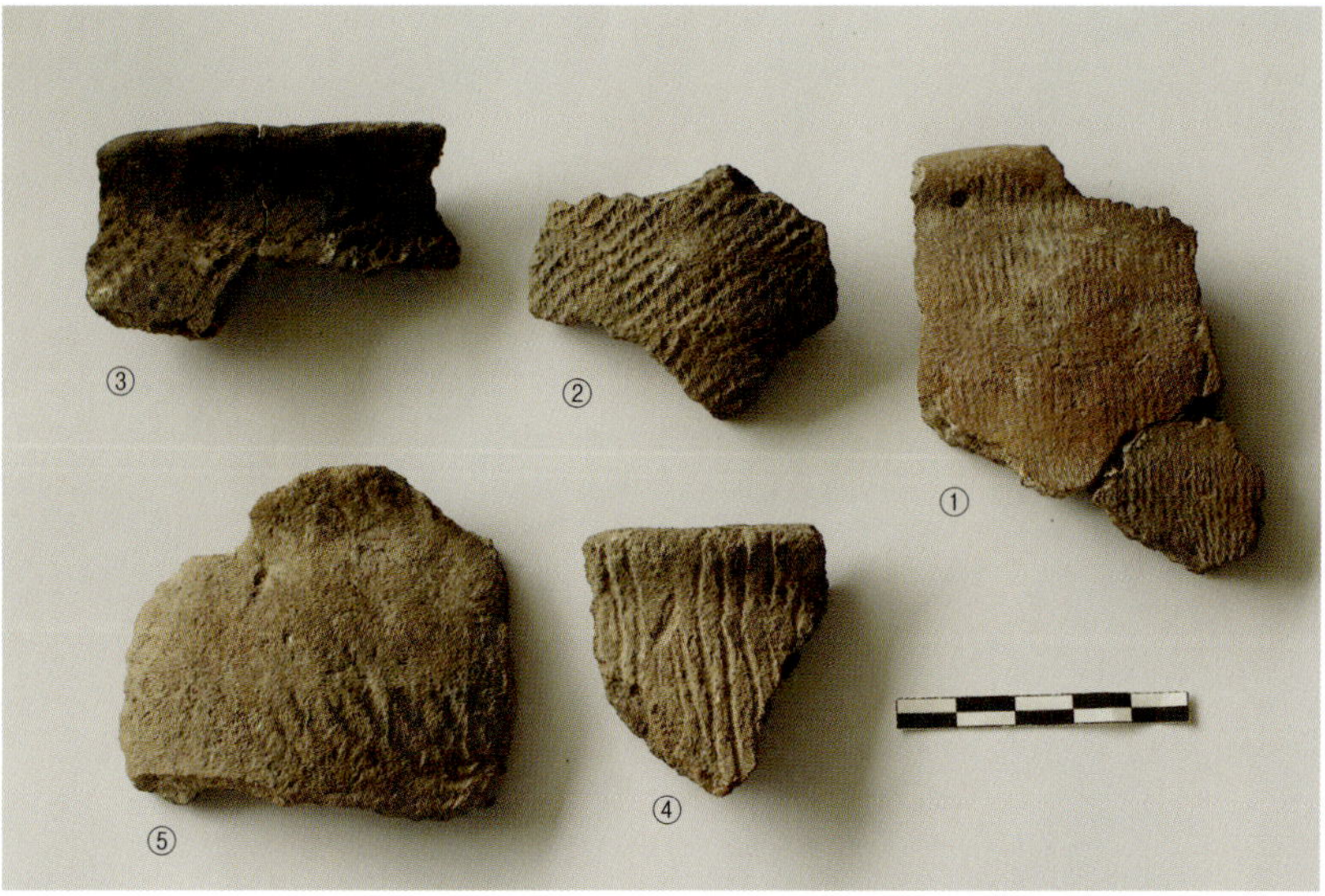

図 20 ● 放射性炭素年代を測定した下部の土器
深さ 5.3 ～ 4.4m で出土した 5 つの土器片で測定した。

が、炭化物では土器の年代を間接的にしか知ることができず、より精度の高いＡＭＳ法による分析が求められていた（なお、放射性炭素年代測定法については、人骨の分析の箇所で原理的なことも含めて解説する）。

そしてついに、二〇一〇年に新しいＡＭＳ法により、「下部」出土の土器（図20）に付着した炭化物で分析をおこなった。図21はその測定結果である。

これをみると、五点すべてが較正年代で一万年を超えるものであった。このうち②は底部近くまで縄文の施されたものであり、型式的に「下部」のなかでも古い可能性の高い土器である。この分析結果によれば、「下部」の土器の多くがおおよそ一万一〇〇〇～一万七〇〇〇年前のものといえそうである。

現在日本の各地でおこなわれている分析によると、草創期と早期の境は一万一六〇〇～一万一五〇〇年前ともいわれている。これにあわせてみれば、「下部」出土の土器の多くは年代的にもやはり早期のはじめごろと考えることができるのである。

土器片 （括弧内は図20の番号）	出土レベル （m）	C14年代 （yrBP）	較正年代 （calBP）
撚糸文土器片（①）	－4.4	9580±40	10882～10786
表裏縄文土器片（②）	－5.3	9610±40	10963～10861
表裏縄文土器片（③）	－5.0～5.1	9680±40	11189～11090
表裏撚糸文土器片（④）	－4.5	9460±40	10742～10654
表裏縄文土器片（⑤）	－4.7	9520±40	10793～10715

図21 ● 放射性炭素年代の測定結果
較正年代（calBP）は1950年から何年前かを示す。
C14年代（yrBP）はそのもとになった測定値。
5点すべてが較正年代で1万年を超えるものであった。

2　豊富な食料

川の幸

前節で、岩陰の目の前の川と山、森の豊富な食料を、この岩陰に人びとが生活しはじめた理由にあげた。実際、岩陰からは動物の骨や貝類、そしてこれらを加工した品々が質、量ともに驚くほど豊かに出土しているのである。

まず、岩陰からは、「中部」「下部」ともたくさんの魚骨が出土している。特定の種までは判別できていないが、サケ属の椎骨もみつかっている。目の前の川にはイワナやヤマメが身を潜め、秋にはサケの仲間が遡上してきたのだろう。

貝類は、川に棲息するカワシンジュガイ、カラスガイなどが出土している。なかでもカワシンジュガイは「中部」「下部」それぞれで一〇〇〇点近くにおよぶ（図22）。これはその数から相木川で捕り食料としたものであろう。

ちなみに、現在の相木川にはこのカワシンジュガイは

図22 ●出土したカワシンジュガイ
栃原岩陰部ではおよそ2000点出土している。大きさはだいたい5～8cm程度。その数からも、食料とされたのだろう。

棲息していない。相木川どころか長野県内では、戸隠や大町付近でしか確認できない。生物学的には氷河時代の生き残りともいわれ、環境省の絶滅危惧Ⅱ類に選定されている。

山の幸

縄文時代には一般的に、シカとイノシシをおもな狩猟対象としていた。栃原岩陰遺跡でもこれらの骨、とくにシカの骨の出土量は多い。さらに「下部」ではこのほかにもクマやカモシカ、そして小型のウサギやムササビ、テンなどの骨も多量に出土しており、バラエティに富んでいる（図23）。ニホンザルも積極的に獲物にしていたらしい。また明治になってから絶滅したとされるニホンオオカミや、一九八三年に死体で発見されて以降、確実な発見例のないニホンカワウソもみられる。

カエルやヘビの骨も出土している。ただしこれらのうちどの程度が食べられたものか、判断は難しい。ヘビなどは現在も遺跡の草刈りでお目にかかることがある。

このように動物骨は多彩であるが、まだ分類できていない資料も多い。細かく砕かれたものや焼けた資料もたくさん含まれている。今後のよりくわしい分析により、食べた動物とその年齢構成、狩りをおこなったシーズン、さらには自然環境の復元もできるだろう。

ちなみに、狩りにはイヌが使われていた可能性がある。深さ四・五〜五メートルでイヌと思われる骨が出土した。もしイヌであるとすれば、日本でも最古級の出土例である。すでにイヌが狩りや生活のパートナーとなっていたのだろうか。

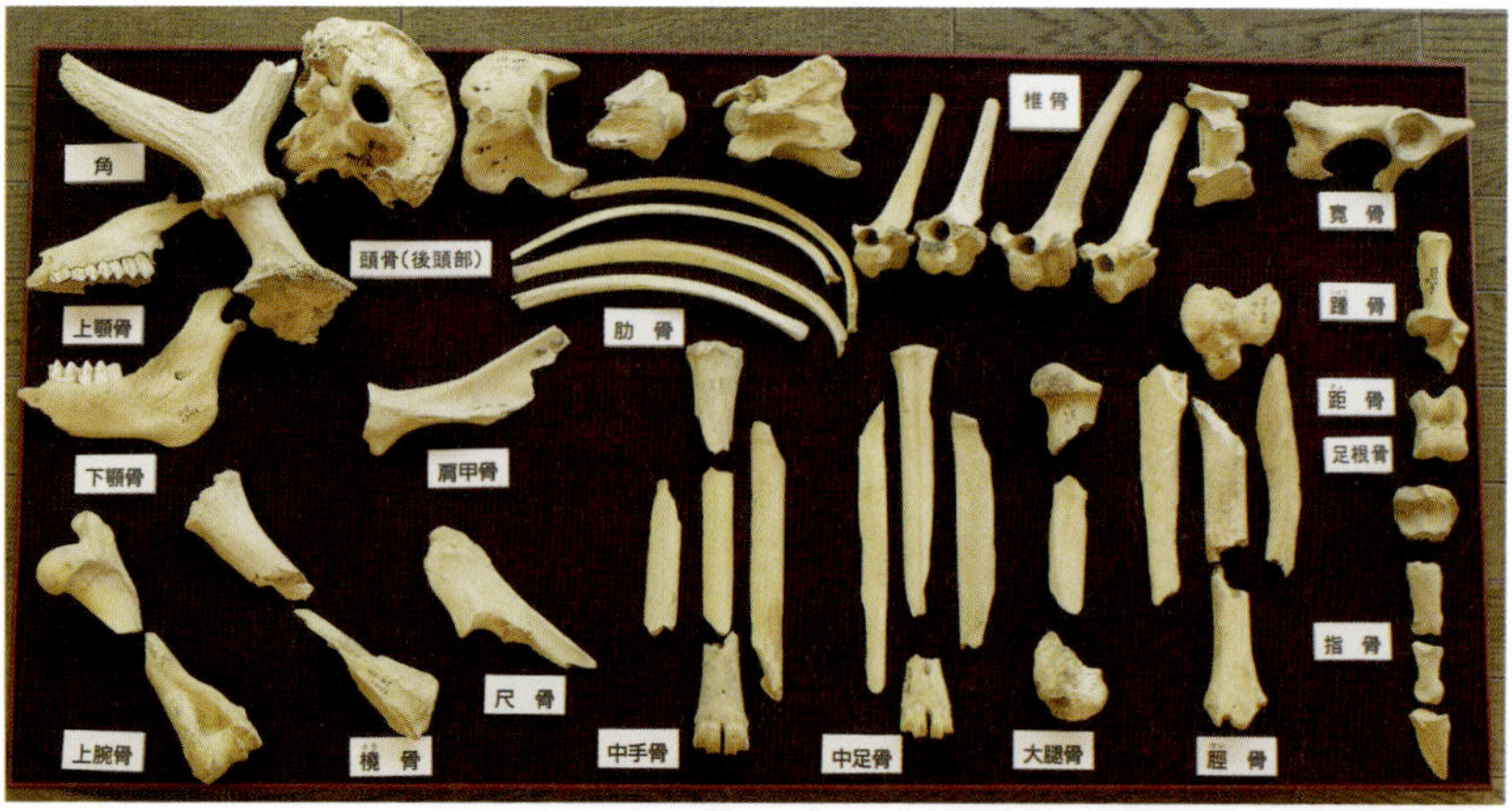

ニホンジカの骨。写真は組み合わせたものだが、全身の部位がみられる。

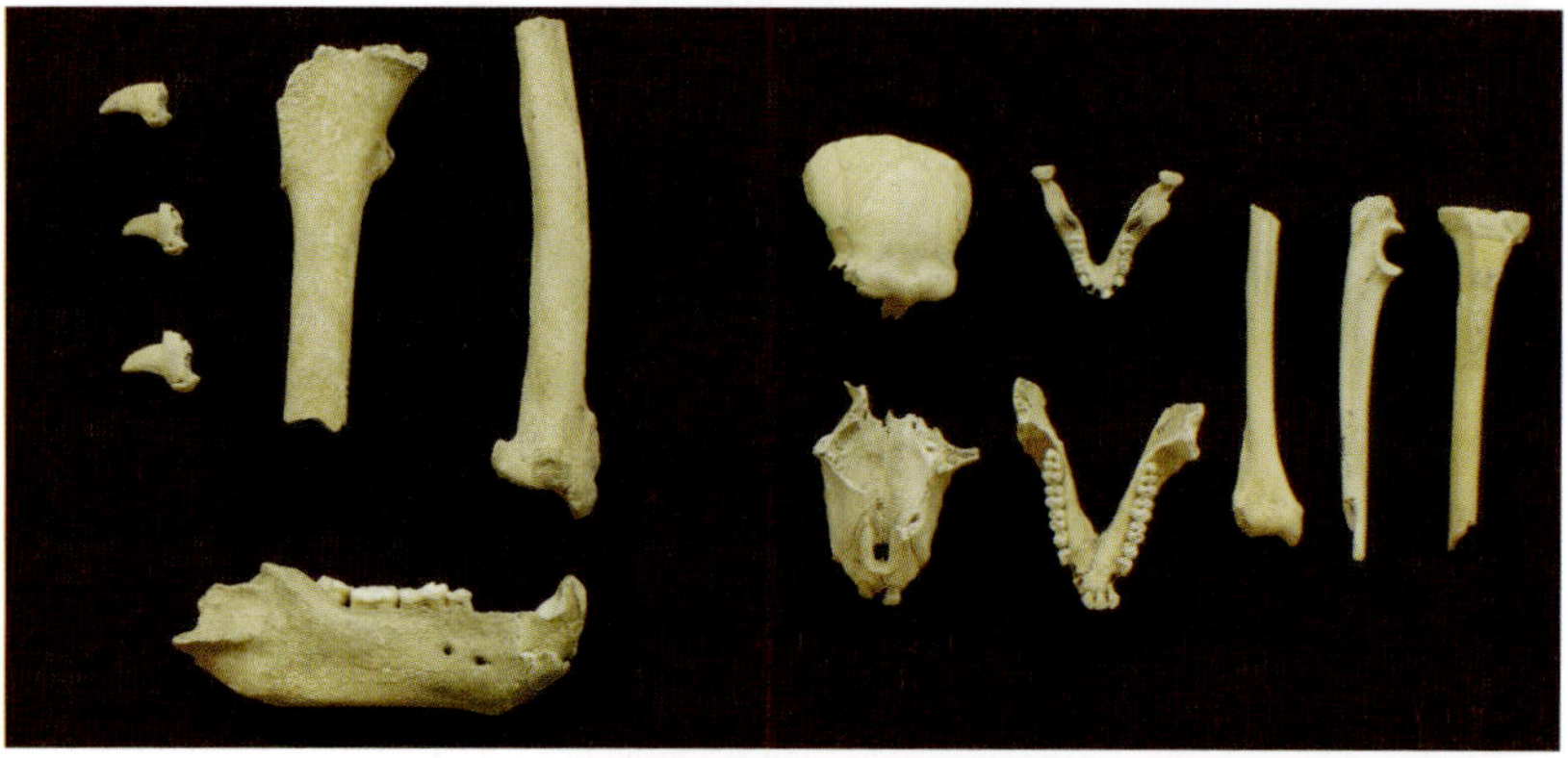

左側はツキノワグマ。右はニホンザル。栃原岩陰遺跡ではどちらも多数出土している。

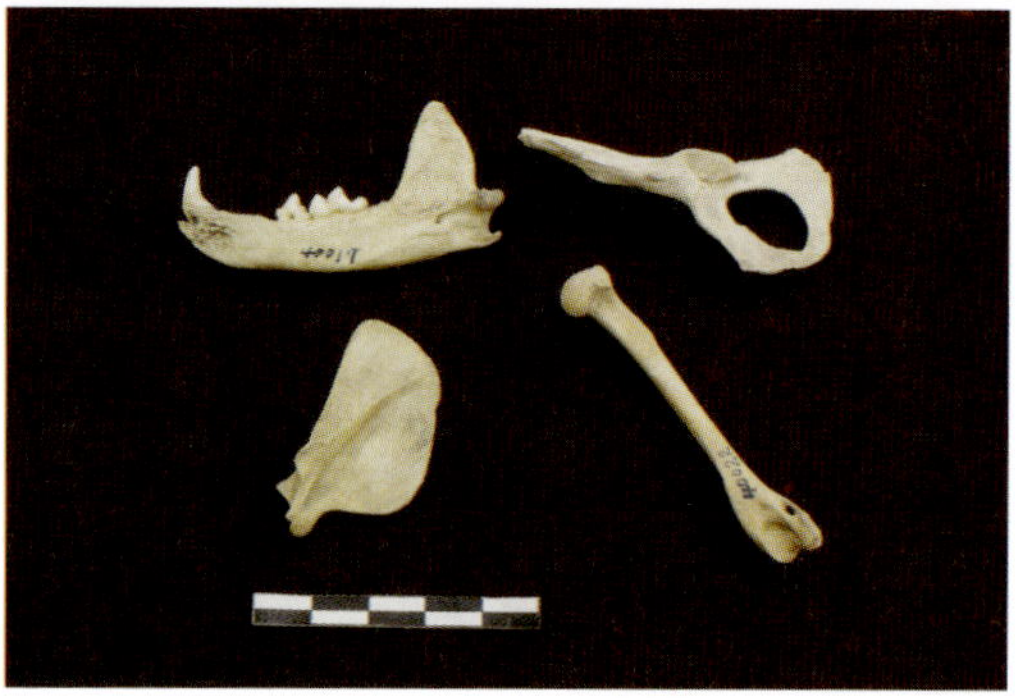

テンの骨。このような小型動物の骨もきれいに残されている。

図 23 ● 栃原岩陰から出土した獣骨

植物に由来する遺物も出土している。炭化したムク、ナラ、トチ、オニグルミの実などである（図24）。これらは「中部」から「下部」でみられるが、総じて量は少ない。

このように栃原岩陰の縄文人は多種多様な動植物を狩猟・採集して食料にしていた。ただし、栃原岩陰遺跡のみを特別視することは慎まなければならない。本来これら有機質の遺物は、大多数の遺跡では腐敗して今日まで残らなかったと考えるべきで、縄文時代の一般的な存在であり、それが山中の栃原岩陰遺跡で明らかになったと考えるべきだろう。

図24 ● 木の実の出土状況
灰層よりまとまって出土した。数は多くないが、利用していた種類がわかる。

3　精巧な道具

狩猟の弓矢の先、石鏃

こうした動植物を獲るための道具もたくさんみつかっている。

栃原岩陰部からは、五〇〇〇点近い石器が出土しているが、そのうち約四五〇〇点が矢尻《やじり》など小型石器である（図25）。このうち石の矢尻、すなわち石鏃《せきぞく》は約一五〇点（V区も含めると約三〇〇点）。材質は黒曜石が多く、北相木近辺に分布し、やはり石器の材料となるチャートや頁岩《けつがん》などが混じる。「下部」ではおよそ一〇〇点で、小型の三角形のものが目立つ。これは「下部」で小動物の骨が多く出土していることと対応しているとする意見もある。

寒冷地の道具

さらに狩られた動物の皮が盛んに加工されていたようだ。「下部」では動物を解体したり、皮をはぐときに使った石器であるスクレイパー、なかでも小型で分厚い円形の刃部をもった「拇指状掻器《ぼしじょうそうき》」（図26）とよばれる石器が、それを物語っている。

ほとんどが黒曜石製で、分厚く丸みをもった刃部がその名の由来となっている。出土は「下部」にほぼ限定されている。堤隆の協力で顕微鏡観察をおこなったところ、この内の数点から、皮をなめす際にできる光沢や傷が認められた（図27）。

じつは同じような形態の石器が、旧石器時代以降現代まで、寒冷な時期・地域でくり返し利用されたことが指摘されている。堤はこれを、寒冷地で重要になるであろう毛皮製品の加工具、つまり皮なめしの道具であるとしている。

皮革製品が真価を発揮するのは、寒さ対策である。皮なめしという非常に手間のかかる作業をふむ必要があるが、寒さをしのぐための衣服やブーツ、さらには手袋などとして利用されていたはずだ。つぎにみる骨製の針も、これらを縫い合わせるために使われたのだろう。加工した皮革製品を身にまとった人びとの姿が、目に浮かぶようである。

図 25 ● 栃原岩陰出土の石鏃
上段が中部、下段が下部出土。大きさの違いがわかる。

図 26 ● 拇指状掻器
分厚く丸い刃部が特徴的で、下部に集中する。ほとんどが黒曜石製で、皮なめしに使ったと思われる。

しかし栃原岩陰遺跡の「下部」出土土器の年代はおよそ一万一〇〇〇〜一万七〇〇〇年前で、今日の年代観では温暖化にむかっている時期であることを示している。にもかかわらず、いまだ寒冷地に多い石器がみられるのはなぜだろうか。

栃原岩陰遺跡出土の動物骨は、現在のものよりやや大きい個体が多いとの指摘がある。一般に同じ種の動物では、体温維持のため寒冷地ほど体が大きくなる。また栃原岩陰遺跡で多量に出土しているカワシンジュガイも、氷河期に多かった生物といわれている。このように出土遺物からは、いまだ寒冷な環境を示す例があり、単純な温暖化は考え直すべきかもしれない。

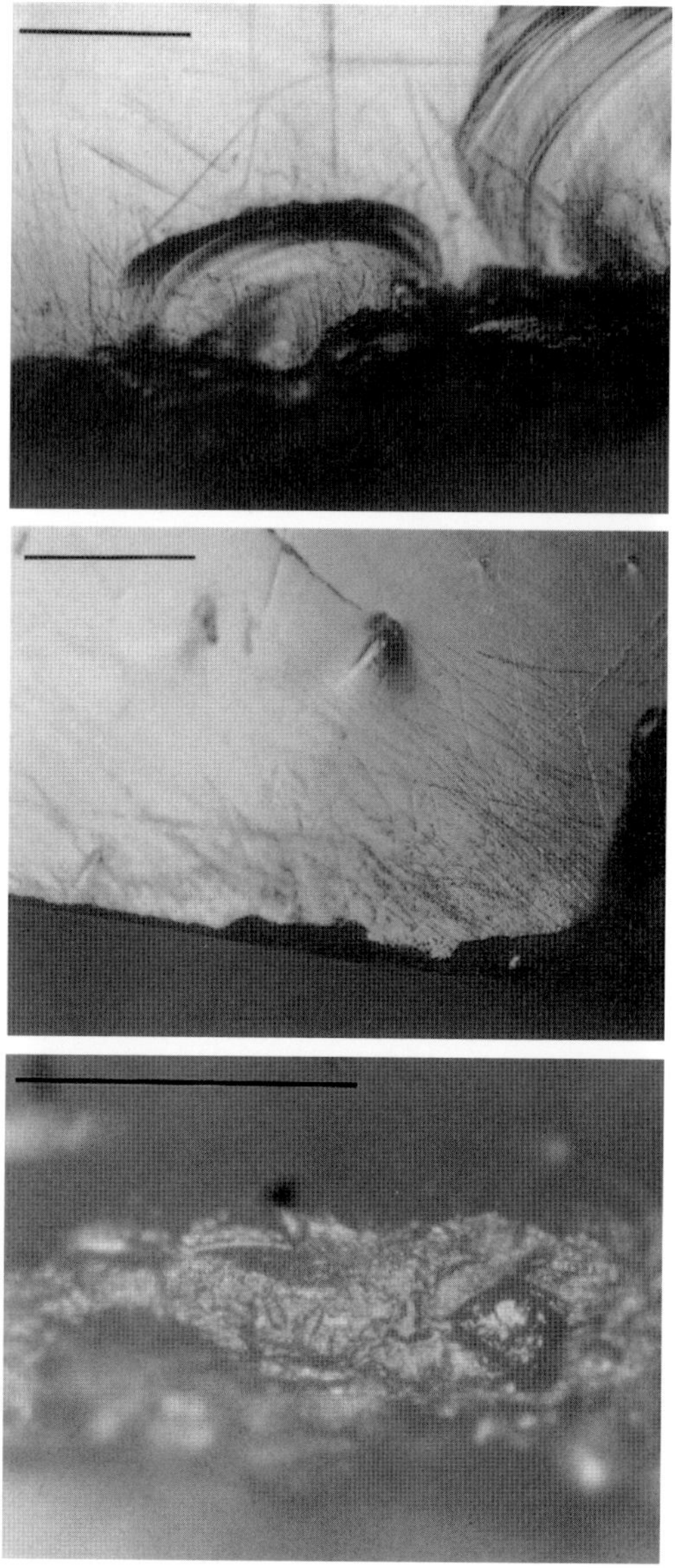

図27 ● 使用痕写真
上2枚は、刃部の線状痕。下はポリッシュとよばれる光沢。これらは、なめしの際に生じるとされる。すべて同じ石器のもので、スケールは200ミクロン。

また栃原岩陰遺跡を含む中部高地の遺跡では、縄文時代草創期後半から早期の初頭にかけて、拇指状掻器がまとまって出土する例が多い。たとえ温暖化しつつあるにせよ、中部高地は寒冷な土地柄であり、冬期の寒さ対策も必要だったのだろう。

骨でつくった精巧な道具

栃原岩陰遺跡では「中部」「下部」ともに、動物の骨、牙、角でつくった道具、骨角器《こっかくき》がたくさん出土している。

なかでも逸品といえるのが、「下部」出土の、シカの中手骨《ちゅうしゅこつ》を利用した長さ約一七センチの刺突具《しとつぐ》とよばれるものだ（図28）。先端は鋭利で、全体もよく磨きこまれ、表面は光沢さえ放っている。これに類似した資料はほかにもあるが、ここまで見事につくりこまれた例はない。このことから日常使う道具では

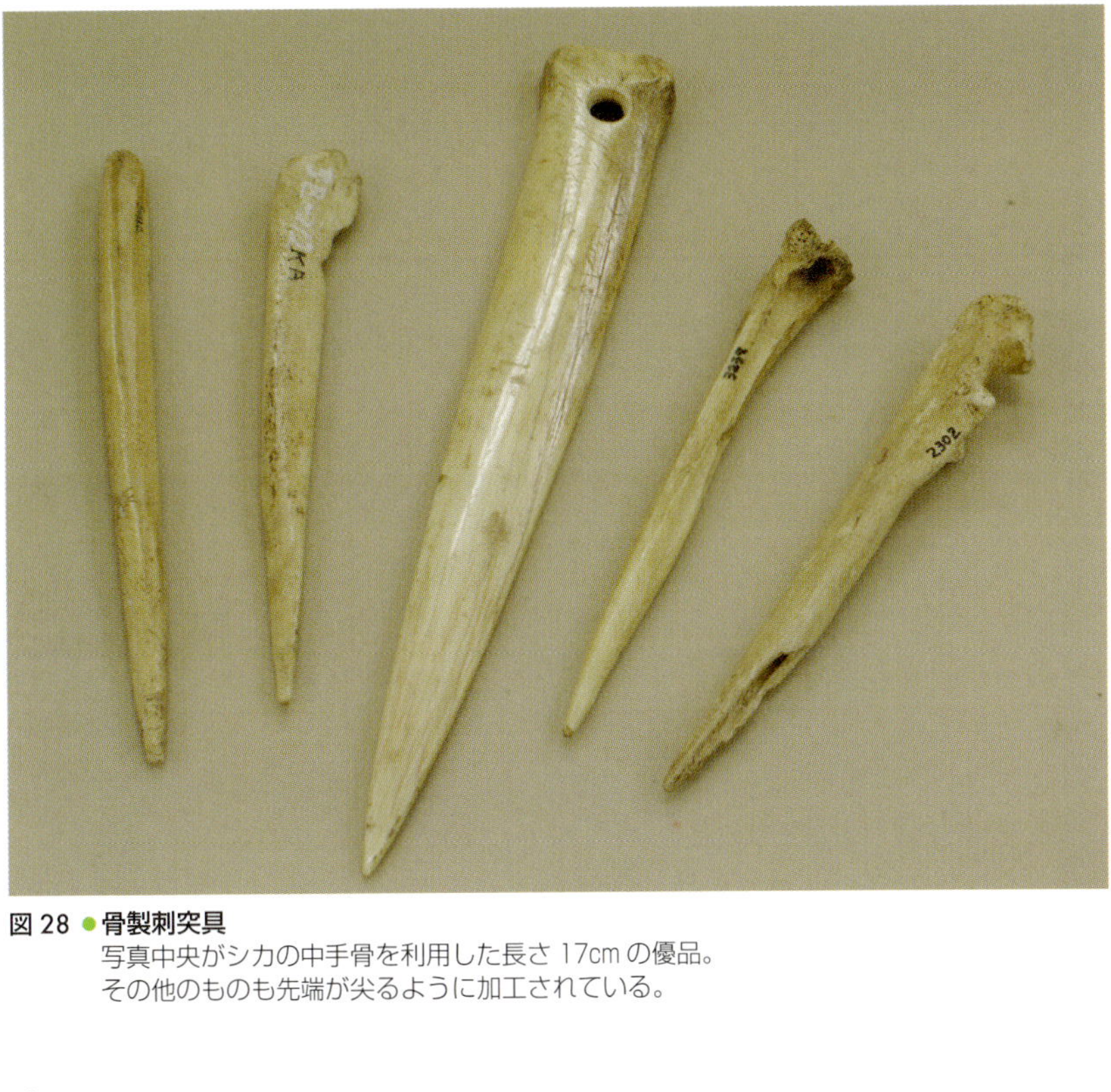

図 28 ● **骨製刺突具**
写真中央がシカの中手骨を利用した長さ 17cm の優品。
その他のものも先端が尖るように加工されている。

なく、何か特別な意味を付加されていたという見方もある。

また長さ五センチ程度、幅はわずか一、二ミリ、そこに一ミリに満たない穴を開けた縫針もみつかっている。その形態は今日の金属製のものとかわらないほどだ（図29）。

現代と同じといえば、釣針もある。主にシカやイノシシの四肢骨を利用してつくられていると思われ、その製作途中のものも残されていた。これをみると、手ごろな大きさの骨片を用意し、持ち手を残しながら「し」の字状に削り、最後に持ち手の部分を切り離したようだ。このような製作方法のわかる資料は縄文人の作業を具体的に知ることのできる貴重な資料といえよう（図30）。

縫針や釣針は「中部」「下部」でみられるが、残された記録ではやや「下部」に傾くようだ。なお両端が尖った小型の針も釣針であると考えている（図31）。これは「下部」に多い。試

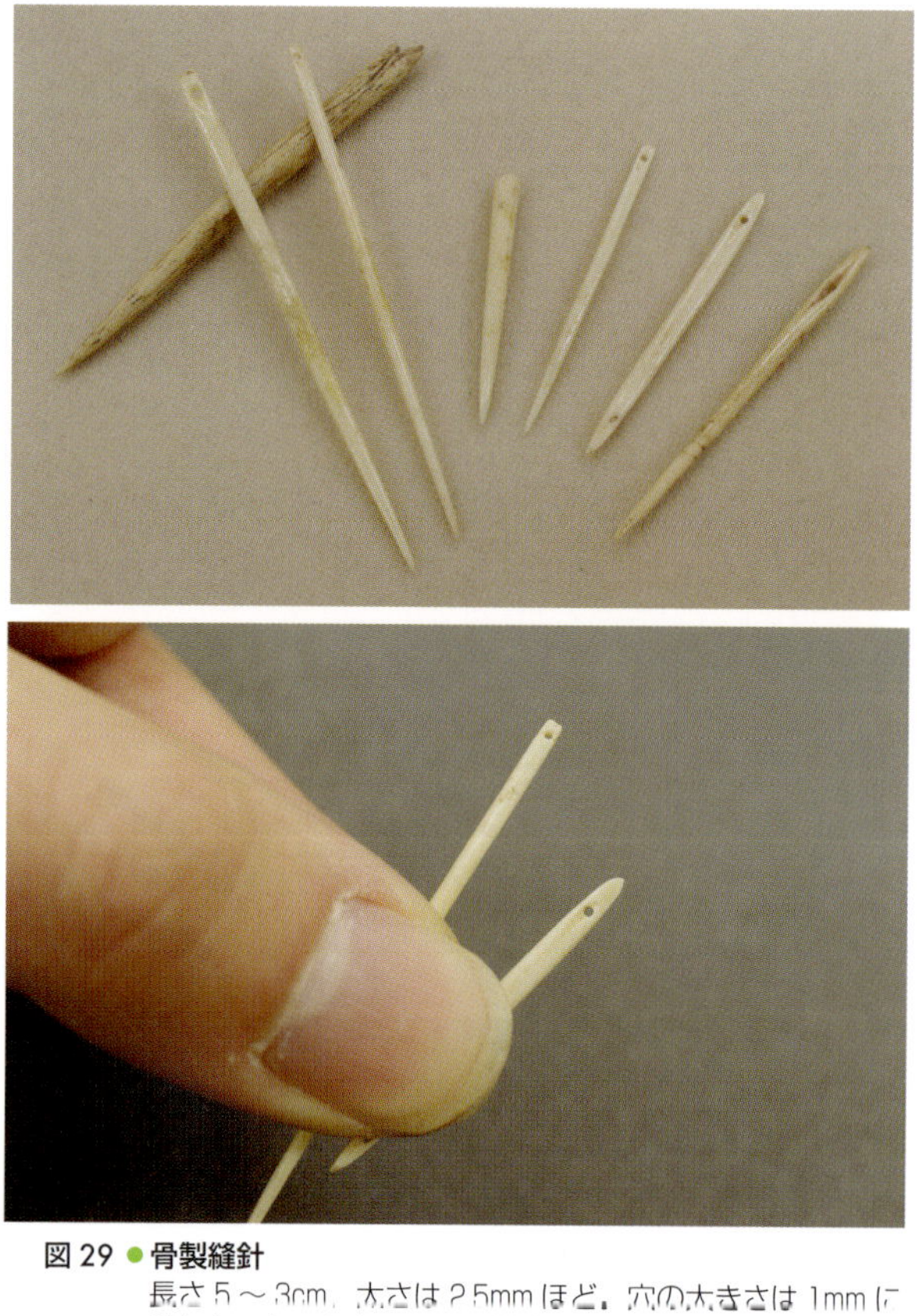

図29 ● **骨製縫針**
長さ5～3cm、太さは2.5mmほど。穴の大きさは1mmに満たないものもある。その精密さに驚かされる。

すと実際に小学生でも魚が釣れる（図32）。これらの釣針には鳥骨製と思われる資料もある。

そのほかにもヘラ状のものや、イノシシの牙を加工したスプーン状の製品もあり（図33）、これらは一定の形で整えられていることから、何らかの目的があったといえる。

明確な道具以外にも、人為的に割られたものや剥離の痕、あるいはカットマークとよばれる石器による傷の跡が認められる骨資料が多数ある（図34）。今後よりくわしく調べることで、動物の解体方法や骨角器のつくり方に迫れるだろう。

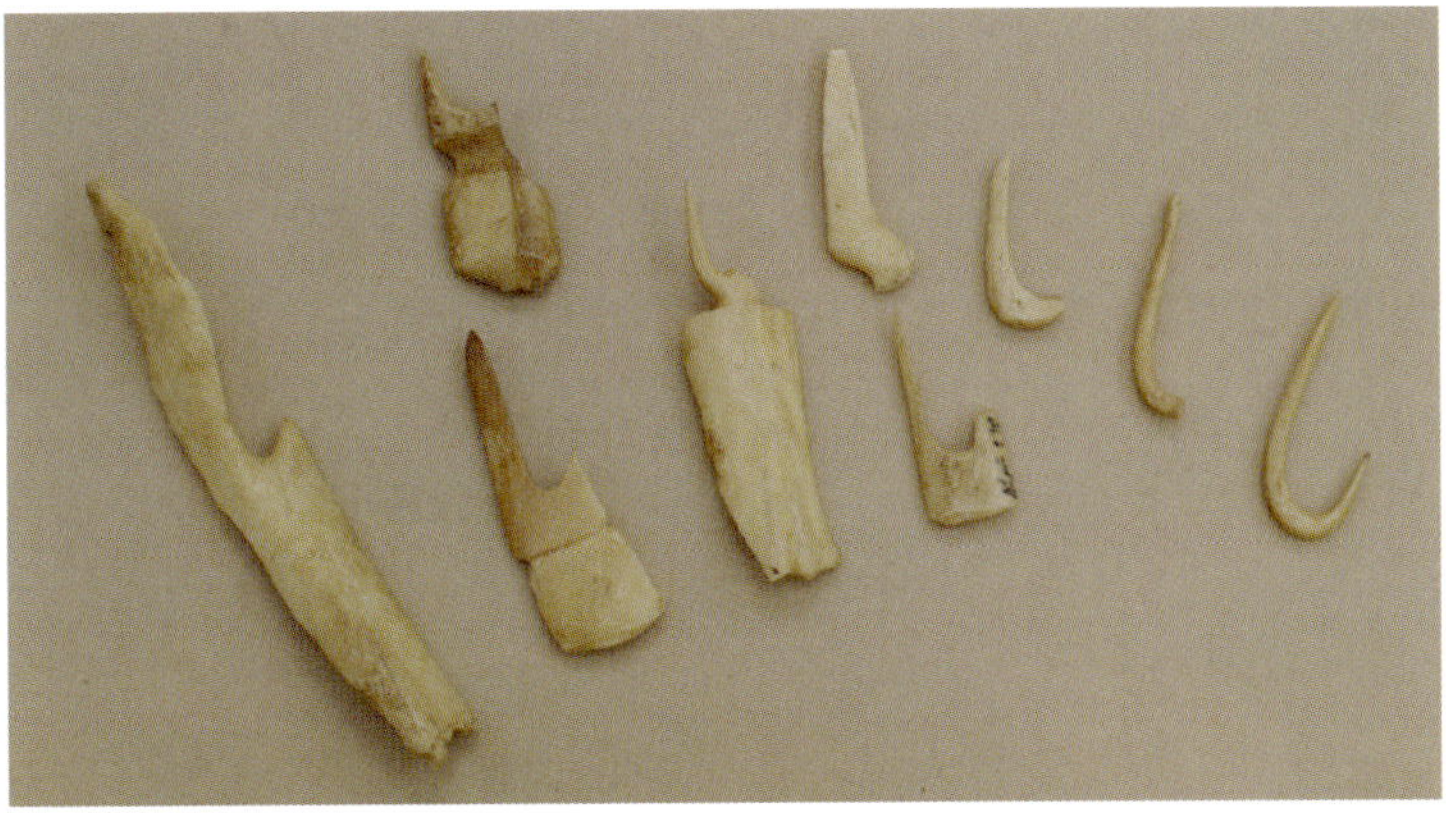

図30 ● 骨製釣針と製作過程のもの
「し」の字状釣針の製作工程がうかがえる。右端長さ2.6cm。

図31 ● 両端を削ったタイプの釣針
短くした骨辺の両端を削ったもので、中央のくぼみは糸を結ぶためのものだろうか。図32参照。長さ3〜5cm。

上：材料のシカの骨と作った釣針。相木川で拾った石を砥石として用いた。

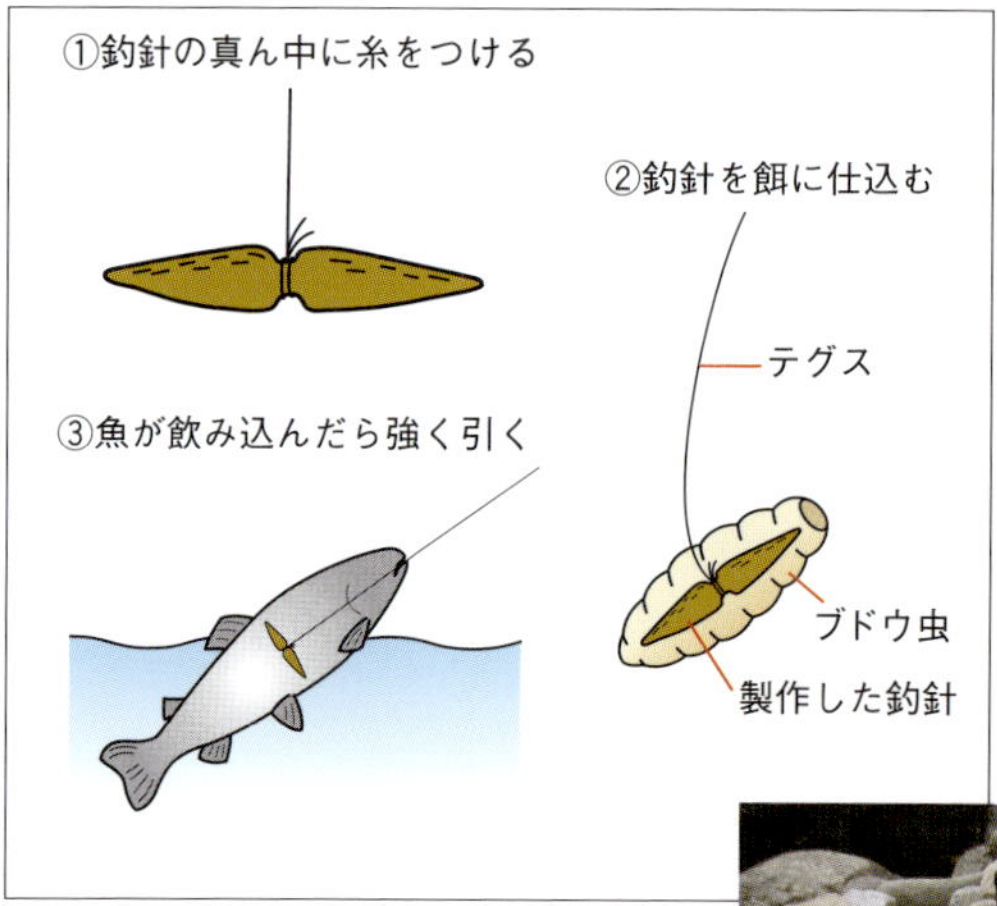
①釣針の真ん中に糸をつける
②釣針を餌に仕込む
テグス
ブドウ虫
製作した釣針
③魚が飲み込んだら強く引く

下：多少コツがいるが、小学生でもこの釣針で釣ることができる。

図 32 ● **骨製直釣針での釣り実験**
北相木村で捕れたシカの四肢骨を川原石で削り、直針とよばれる釣針をつくる。その針を使い、相木川に放ったニジマス釣りに挑む。

砥石

骨角器のつくり方で注目されるのが砥石である（図35）。「上部」ではまったく出土せず、「中部」で十数点、「下部」で三〇点ほどとたくさん出土している。大きさはせいぜい五、六センチ四方。厚みが一センチ程度の扁平の石器で、なかには溝をもつものもある。

これらは主に目が粗く表面がざらざらとした砂岩系の石でつくられており、宮下健司は、骨

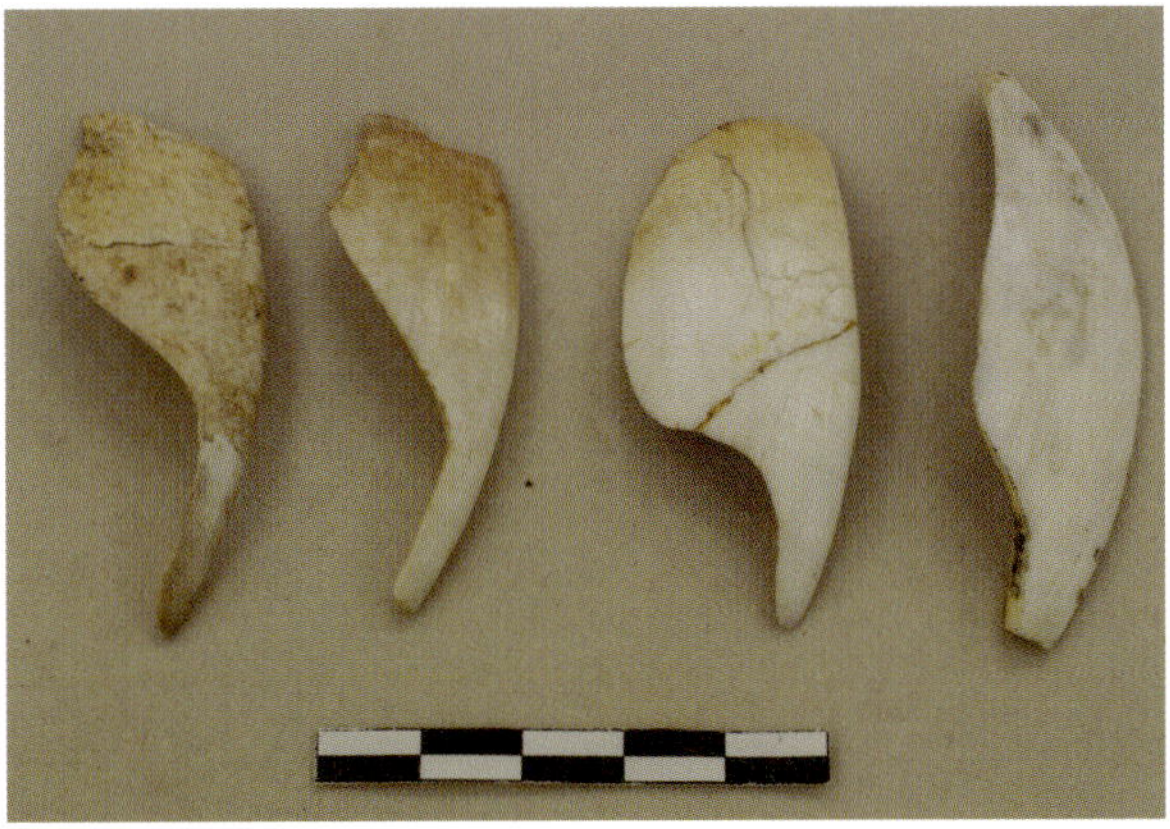

図33 ● イノシシ牙製品
定型的ともいえる製品だが、用途は不明。
「中部」に多くみられる資料である。

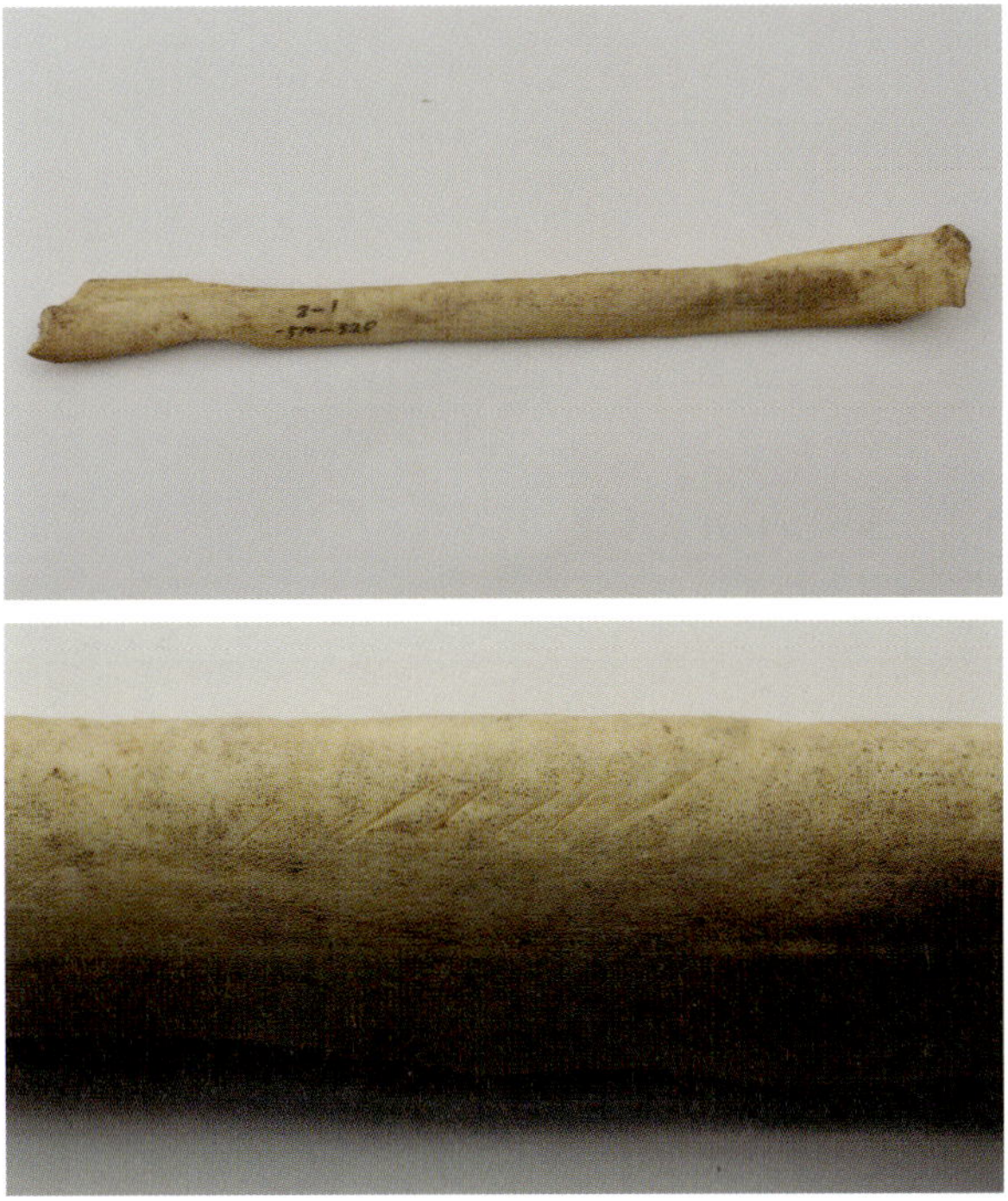

図34 ● 動物骨の加工痕
シカの中足骨につけられた、石器によると思われるカットマーク（下は拡大図）。深さ5.1〜5.2mで出土。

角器をつくるための砥石であるとした。実際に砂岩系の石でシカの骨をこすると、思いのほか簡単に削ることができる。ただしこういった作業のみで石に溝がつくとは考えにくい。道具を効率よくつくるために、溝はあらかじめ意図的につけられたものだったかもしれない。

このように材料となった獣骨、製作途中や完成した骨角器、さらにはその加工具が残されており、この場で骨角器を製作したことは疑いの余地がない。なお経験上、これらの作業は、水をつけると効率がよい。目の前に川の流れる栃原岩陰遺跡は、格好の製作場所だったのかもしれない。獣骨の量がとくに膨大であることから、ここが集中的に骨角器を製作した場所だという考えも浮かんでくる。

図 35 ● 扁平な砥石
骨角器をつくる砥石とされる。上 3 点は中部、下 6 点は下部出土。十字の溝のものは出土レベル不明確。

植物加工具

縄文遺跡からは、石皿《いしざら》、磨石《すりいし》、凹石《くぼみいし》などとよばれる、植物加工具とされる石器も数多く出土する。木の実や根茎類などの植物質食料を割ったり、すり潰したりした道具といわれている。

栃原岩陰遺跡では、「下部」で凹石や磨石がそれぞれ一〇〜二〇点出土している（図36）。また「中部」では早期に特徴的な穀摺石《こくずりいし》とよばれる石器が、確認できたもので三点みられる（図37）。これも植物加工具とされることが多い（ただし会田進《あいだ》はこの石器を「石摺り石」とよび、その用途を皮なめしとしている）。

このように道具からも植物質食料を利用していたことがわかる。

図 36 ●凹石・磨石
左側 3 つは凹石。丸い凹みがある。右端は磨石。いずれも下部出土。左上が 8cm 大。

図 37 ●植物加工具
中部にみられる特殊な石器。植物加工具とされるが、くわしい用途は不明。

4　火を焚く

これら食材は、火を使って調理されたのだろう。ここに暮らした人びとは、たくさんの炉跡を残している。もちろん暖をとるためにも有効だったはずだ。木を燃やしてできた多量の灰が、骨などの有機物資料を残してくれたことはすでに述べたとおりだ。

炉跡は大きく分けると、焼けた土のみが残されたものと、川原石を円形に並べた石組み炉がある（図38）。これらを合わせると、その数は一二〇を超える。「下部」では、深さ四〜五メートルで、石組み炉が二九、焼土が一四と、その数がもっとも多い。そして深さ五メートル以下では、石組み炉が三、焼土が一三と、ここでは焼土が多い。

一般に炉跡とされるような遺構は、早期の撚糸文土器のうちでも、後半の稲荷原《いなりはら》式期以降が多いとされる。九軒の表裏縄文土器期の竪

図38 ● みつかった炉跡
石を丸く並べた炉が並んでいる。かなりの頻度で火を使っていたことがわかる。

穴住居跡を確認している長野県木曽郡上松《あげまつ》町のお宮の森裏遺跡でも、明確な炉は検出されていない。そうなると、栃原岩陰遺跡でのたくさんの炉跡の出土は比較的早い時期のものとなる。

また、彼らは食料を煮炊きするための土器を多量に携えていたが、土器をこの場でもつくったかどうかはわからない。よく似た土器が出土する山梨県北杜《ほくと》市の社口《しゃぐち》遺跡では、土器の胎土分析から、土器はその場でつくったのではない可能性が指摘されている。

栃原岩陰遺跡の土器についても、今後在地の粘土かどうかくわしい分析が必要であろうが、あるいは別の場所でつくったものを運び込んだのだろうか。

出土した土器には、補修孔という穴が多く残されている（図39）。鍋にヒビが入ると、ヒビの両側に穴を開け、ヒモで縛って大切に使っていたようだ。

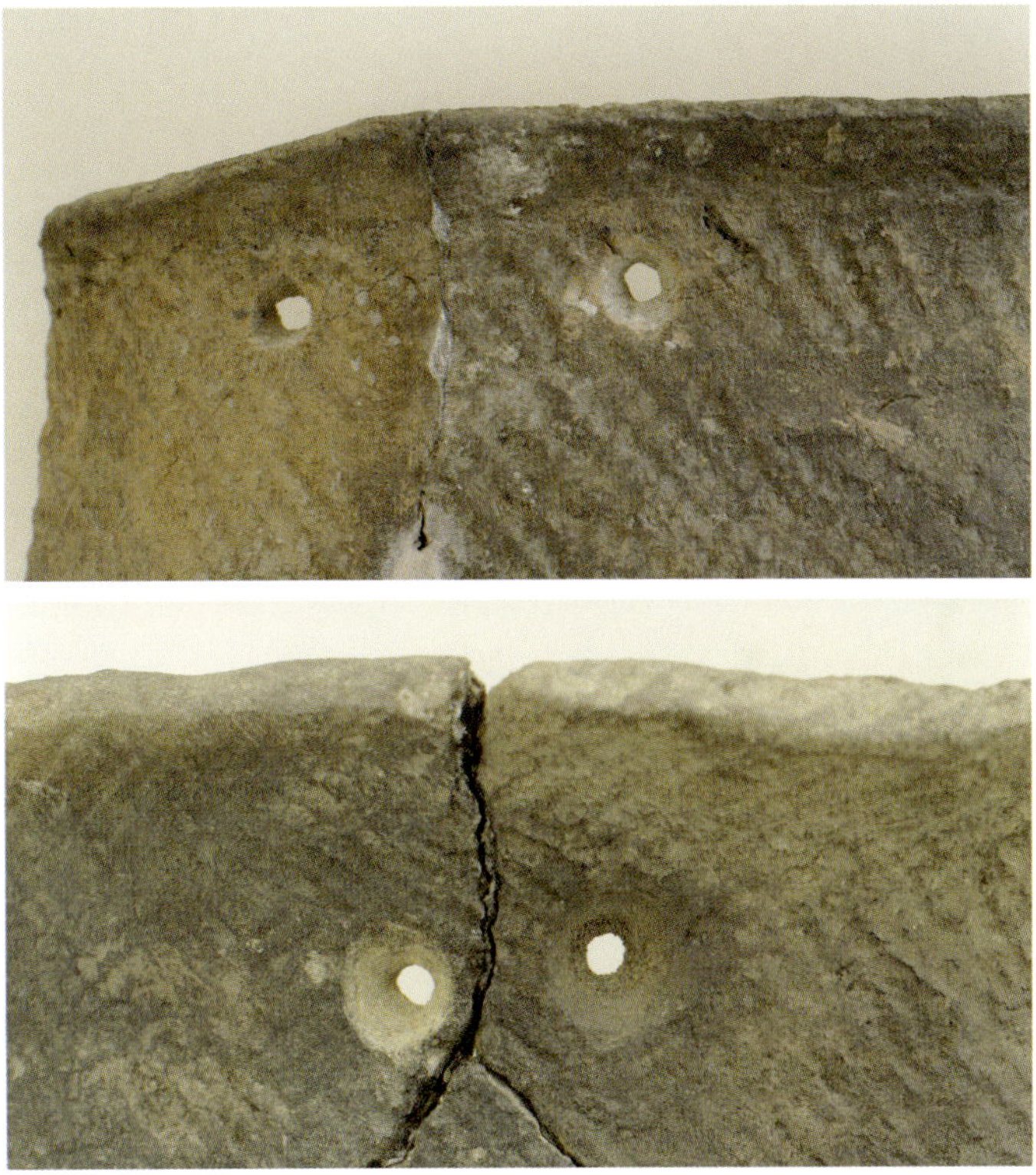

図39 ● **土器の補修孔**
土器にヒビが入ると両脇に穴を開け、ヒモで縛って補強していたと考えられる。大切に使っていたのだろう。上が縄文、下が表裏縄文土器。

5　移動する生活

出土するのは黒曜石製の石器の素材

さて、小型石器の多くが黒曜石製であることはすでにふれた。石器づくりに欠かせない黒曜石は、限られた場所でしか入手できない。栃原岩陰遺跡付近にはない貴重品である。これらはどのようにして遺跡にもち込まれたのだろうか。このことを調べていくと、縄文早期はじめの縄文人たちが、依然として前時代の生活スタイルを引き継いで、移動しながらの生活を送っていた姿がうかんでくる。

栃原岩陰遺跡の「下部」出土の黒曜石製石器をみていくと、製品である矢尻やスクレイパー以外に、小型の板状の原石や、原石から打ち割った剝片とよばれる薄い石片が多いことに気づく（図40）。これらは二次加工を加えることで矢尻などの道具になるもので（図41）、「素材」とよばれる。その一方で、素材の元の材料である原石や、素材を剝がした残りの「残核」がほとんどみつからない。つまり栃原岩陰には、黒曜石の多くが素材の状態でもち込まれているのである。こうした様子は、同じく表裏縄文土器が多くみられる、お宮の森裏遺跡や社口遺跡でも同様である。

黒曜石原産地では

では、黒曜石の原産地ではどのようなものが出土するのか。原産地の一つ、長和町の鷹山遺跡群（星糞峠《ほしくそとうげ》鞍部《あんぶ》）の様子をみてみよう。ここでは栃原岩陰遺跡よりもやや古い草創期後半の土器とともに、黒曜石が多量に発見されている。その内容は、ちょうど栃原岩陰遺跡の「下部」にはみられない残核や、さまざまな形状の原石が多数あり、逆に栃原岩陰遺跡で出土した小型板状原石や、矢尻などの完成した製品がきわめて少ない。

このように栃原岩陰遺跡と鷹山遺跡は互いが補完しあう関係にある。つまり黒曜石の原産地で製品一歩手前の素材をつくり、それらが栃原岩陰遺跡に運び込まれたと推測できるのである。

図40 ● さまざまな剥片
大小さまざまだが、大きなものは石器の「素材」になったはずだ。

図41 ● 下部出土の板状原石と石器
上はうすい板状の原石、下はそれを加工した石器（スクレイパー類）。下部ではこのような例が多くみられる。

黒曜石の原産地推定

そして二〇〇九年、明治大学古文化財研究所にて、栃原岩陰遺跡出土黒曜石の蛍光X線による原産地推定がおこなわれた。これは石器に蛍光X線とよばれる光をあて、その反射からなかに含まれる成分を調べ、黒曜石の産地を割りだす分析法である。非破壊での分析が可能で、考古学の世界では多く試みられている。

「下部」の深さ四・八〜五メートルで出土した約二六〇点の石器のうちから五〇点（ただし残核の二点は深さ五・一から五・三メートル）を調べてみると、一〇点が鷹山遺跡を含む和田・鷹山系と判別された（図42）。栃原岩陰遺跡と鷹山遺跡群（星糞峠鞍部）の関係がより強まったといえる。

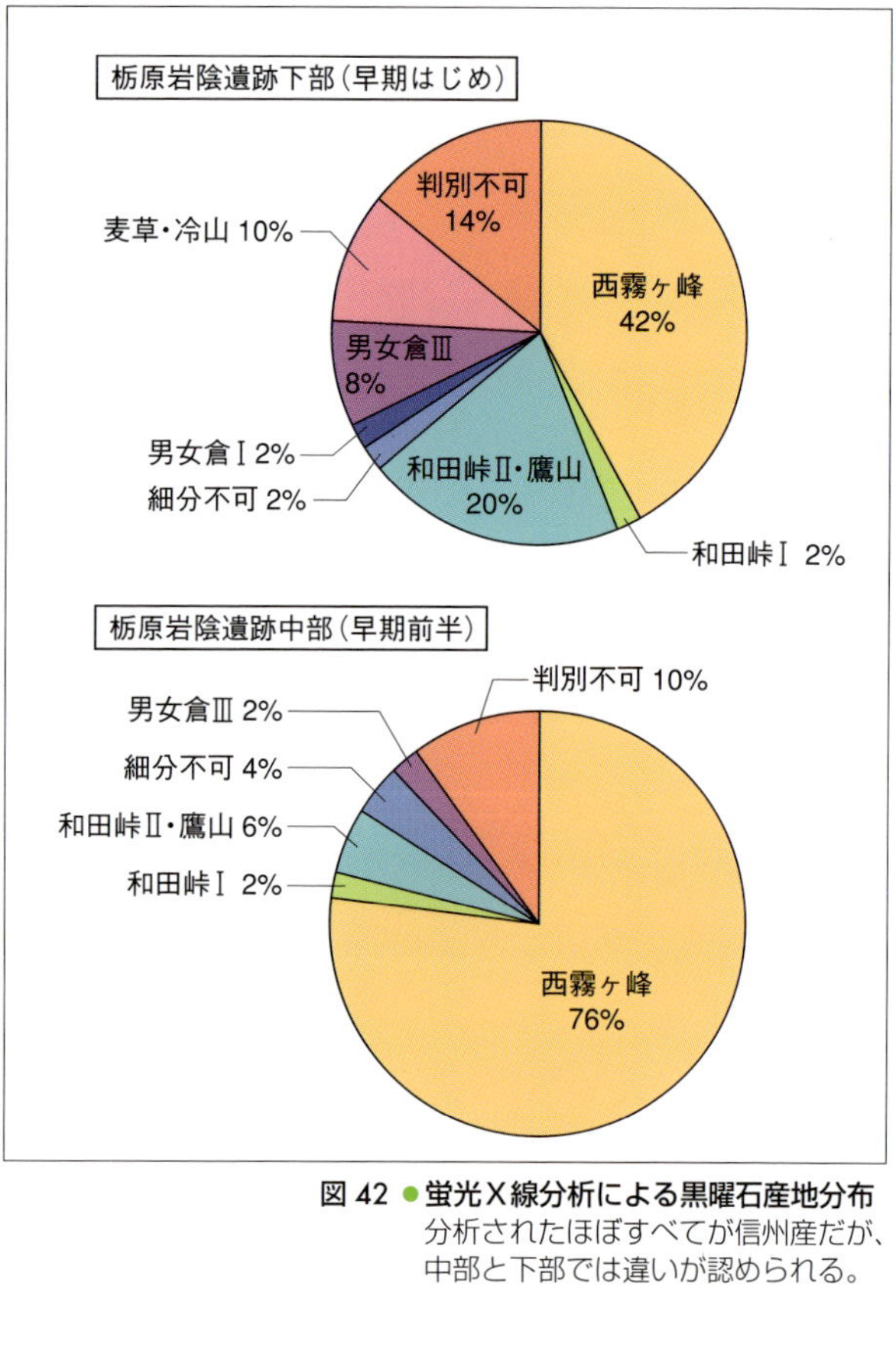

図42 ● 蛍光X線分析による黒曜石産地分布
分析されたほぼすべてが信州産だが、中部と下部では違いが認められる。

移動生活

これらを考え合わせると星糞峠付近で石器づくりに適した素材を入手した人びとが、それを携えて栃原岩陰遺跡にむかった姿が目に浮かぶ。また和田・鷹山系以外では、西霧ヶ峰をはじめ冷山《つめたやま》・麦草《むぎくさ》峠など、信州系各地の原産地から石材がもたらされたことが明らかとなった。

こうした結果から、黒曜石原産地を転々として石器の素材を入手し、それを利用しながら生活地点を変えていた様子が想像できる。定住的な生活をイメージされる縄文時代にあっても、いまだ前時代的な移動しながらの生活が見え隠れするのである。

そう考えると、北相木近辺に分布するチャート製の石器がほとんどないことも説明できる。これより後の縄文前期初頭の北相木村の木次原《きつぎはら》遺跡では、多量のチャートから石鏃などをつくりだしていたことがわかっている（図43）。にもかかわらず、栃原岩陰遺跡の「下部」でこれがみられないのは、早期はじめでは、人びとがつねに黒曜石をもち歩いていたため、石器の材料としてはやや扱いづらいチャートにあまり関心を払わなかったためではないだろうか。

また、移動の際、荷物はできるだけ軽いほうがよいだろう。原石ではなく、剝片など素材の状態でもち込んだ理由は、黒曜石をなるべく軽い状態でもち運ぶためではないだろうか。

図43 ● **木次原遺跡の石器利用**
木次原遺跡では、チャートによるさかんな石鏃の製作がうかがえる。上がその原石。いずれも縄文前期初頭の住居跡出土。

6 縄文のアクセサリー

海から来た品々

こうした移動生活やほかの地域との交流を示す遺物がほかにも出土している。この山深い土地で多数の海産物が出土しているのだ。もっとも多いのは貝類の加工品で、タカラガイ、メダカラガイ、カモンダカラ、ツノガイ、ハイガイなどがある。このほかにもアオザメの歯、未加工のタカラガイ類、ヤマトシジミ、ハマグリなど、海岸地域とのつながりを示す遺物は多い。「山国信州に海の貝?」。北相木村考古博物館の展示をみて疑問をもつ人は多い。しかも付近には「小海」「海尻」「海ノ口」といった海のつく地名が多いため、「この時代、ここは海に近かったのか!」と早とちりしてしまう人もいる。もちろんそうではなく、縄文時代にはすでに内陸の山地であった。小海などの地名は、平安時代の八八七年(仁和三)に八ヶ岳の硫黄岳から稲子《いなご》岳付近で大規模な山体崩壊がおき、千曲川や相木川がせき止められて天然ダム湖ができたことに由来するといわれている。

では、これらの海産物はどのようにして遺跡にもち込まれたのだろうか。それについては次章で考えることにして、まずはその品々をみていこう。

さまざまなアクセサリー

海の貝製品の多くは、穴が開けてあったり、殻頂部(背部)を除去していたり、さらには研

図 44 ● **貝製装身具**
出土した海に棲息する貝類。写真のものはすべてに切断や穿孔の加工がみられる。上段左 4 つはツノガイ、その右はカモンダカラ、中段左から、ムシロガイ、ウミニナ、右 3 つはメダカラガイ、下段左 2 つはハイガイ、その右 2 つはイモガイ、右端はメダカラガイに穴を開けた例。

図 45 ● **タカラガイ類の出土**
海棲貝類の製品でも、タカラガイの数は多くみられた。左写真の左上 3 点は赤色塗布の例。右下の 2 点の残された光沢や斑点は、まるで現代のもののようだ。
右写真のタカラガイ背面は、当地で貝の加工があったことを物語る。

磨して、ベンガラで着色しているものもあることから、装身具と考えられる。なかでもビーズ状に切断し、全面を研磨したツノガイや、リング状に研磨したイモガイが「下部」で多く出土している（図44）。

殻頂部（背部）を除去し、輪状にしたタカラガイ類の製品は「下部」「中部」にみられる。タカラガイはもともとが女性器を思わせるものであり、殻頂部（背部）の除去はそれをいっそう際立たせるためとする見方もある。穴を開けただけのものも少数ある。お守りのようなものだったかもしれない（図45）。ほかに貝の種類を問わず、切断面をていねいに加工し光沢のあるものが多い。

また「下部」から出土したアオザメの歯も研磨の痕がみられ、装身具かもしれない。このように海の貝などを使った装飾品がたくさん出土するのも、栃原岩陰遺跡の大きな特徴である。

さらに「中部」も含め、海産物以外にもクマの牙や各種動物骨を加工したものなど多様な装身具がある（図46）。

こうした装身具を身に着けるのには、性的魅力のアピール、社会的地位や出自を示すなどいくつかの理由が考えられる。またクマの牙を加工したものは、仕留めたクマの強さを身に宿すという意味合いだったかもしれない。

なお貝殻の内側に赤色の塊があるカワシンジュガイが「下部」で出土しており、顔料を入れたパレットであったと推測されている。この赤色の塊は信州大学によるX線分析と示差熱分析により、ベンガラ（赤酸化鉄）であることが確かめられている。さらに出土した貝製品には、

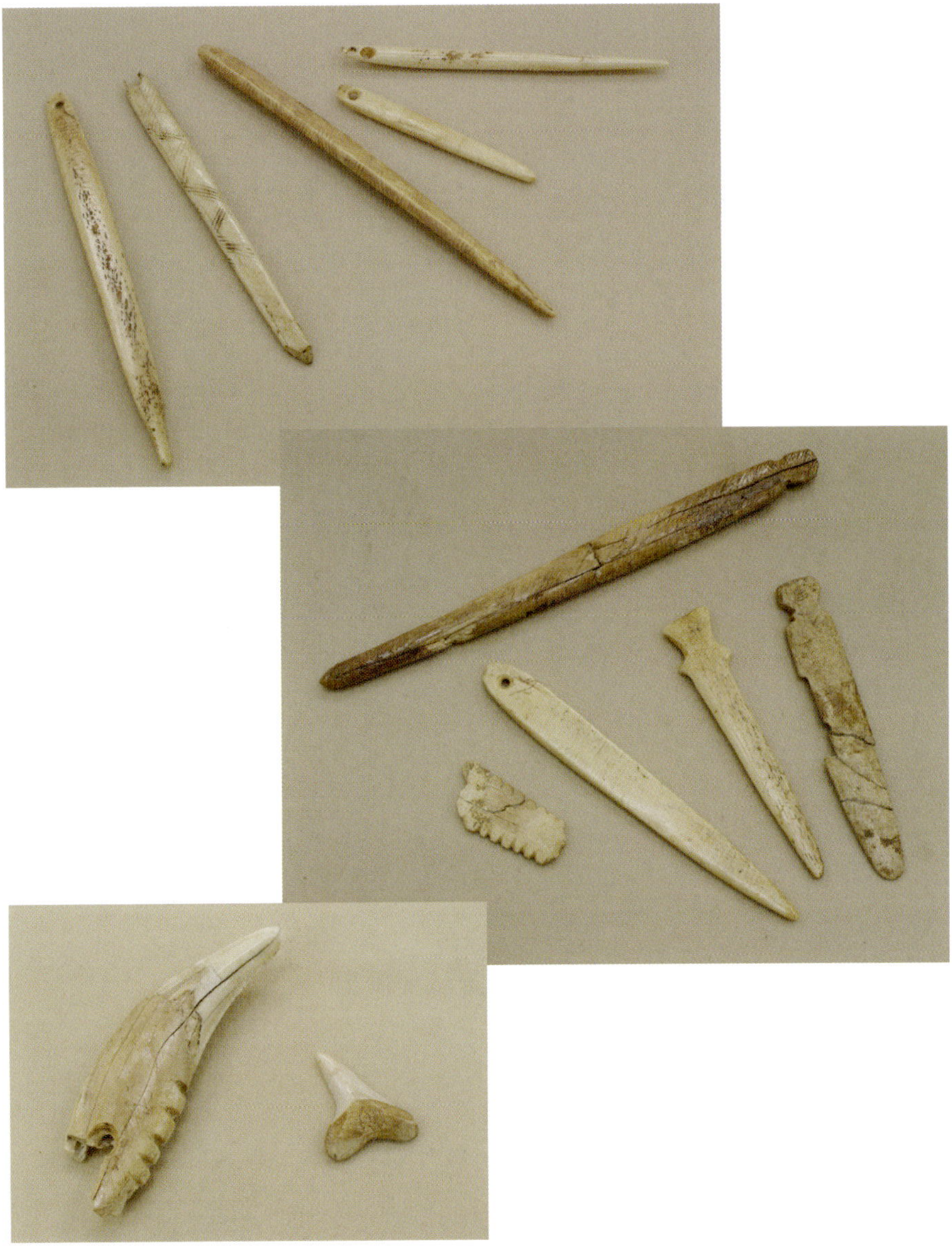

図 46 ● **骨角製装身具**
上：長さ 8cm ほどのよく磨いた骨に穴を開け、さらにジグザグ模様を彫り込んでいるものもある。このタイプは下部に多い。中：へら状の骨製品に刻みをいれたり、特殊な形状に加工したりしている。一番長いものが約 10cm。下：左のクマの牙は穿孔し、縁にも刻みをいれている。右のアオザメの歯も研磨されている。

赤色された例がみられる。おそらく日本でも最古級のベンガラ使用例である（図44・45）。

7　岩陰生活の悲劇

押しつぶされた幼児の骨

おそらくは移動生活をくり返したであろう縄文早期はじめの縄文人にとって、風雨をしのぐことができ、食料も豊富なこの場所は理想的な環境だったろう。しかし反面、岩陰生活には危険もともなう。

三歳と五歳と推定される一一号と一二号人骨が、調査中に姿をあらわした大きな落盤（三×一・五×一・三メートル）の下から発見された（深さ三・八～四メートル前後、図47）。ともに頭骨はバラバラに四散し、あたかもこの落盤に押しつぶされたかのようであった。さらに落盤の下からは、ムクの実がかたまってみつかり、カタツムリの殻と三点のイモガイ製装身具もあった。また二人の間には炉跡もみつかっている。

こうした出土状況から調査団は、炉ばたでムクの実をかじりカタツムリと遊んでいた二人の子どもが、落盤に驚いて逃げ出そうしたが、間に合わずに押しつぶされてしまったと推定した。

このように、一一号と一二号人骨の発見は、当時「日本最古の災害」としてセンセーショナルに報道された。しかし、実際に彼らが遊んでいる途中に潰されてしまったものか、死後に落盤があったのか、その判断は難しいという慎重な意見もある。

図 47 ● 栃原の悲劇
上：落盤を取り除くと、2 体の幼児骨（11・12 号人骨）がみつかった。
下：二人の幼子は、落盤に押しつぶされたのだろうか。発掘調査当時、調査団がつくった復元図を基にした落盤時の様子。

いずれにせよ、三歳と五歳という幼い命が失われたのは事実である。その場に親はいたのだろうか。彼らはその惨劇を前にただ立ちつくすしかなかっただろう。また遺跡からの証明は難しいが、川の側にあった岩陰での生活では、大雨や洪水の際の危険もあったはずだ。

岩陰の放棄と再訪

こうした危険が移動の契機になったのか、あるいは生活を支える黒曜石がつきたのだろうか、それとも季節の変わり目を選んだのだろうか、彼らはこの場所を去っていった。きっとまた、川を渡った山の向こうで、よく切れる黒い石を求め、季節にあった住みよい場所を求めて行ったのだろう。あるいは移動をしつつ、それぞれの場所にふさわしい作業を選択的におこなっていたのかもしれない。

それでも、出土した土器に時間幅があることや豊富な遺構、遺物からみて、住みよいこの岩陰が人びとの記憶から途切れることはなく、くり返し使われたにちがいない。そして、その都度その都度、岩陰には人の生活の跡が残されていったのである。

岩陰利用のシーズン

では、岩陰での滞在期間はどの程度で、どの季節だったのだろうか。現代人の感覚では、寒い冬はこのような山間部を避け暖かいところに移動し、暑い夏をこの場ですごしたとしたいところだ。

しかし、落盤下にあった一一号と一二号の幼児たちが、復元どおりムクの実を口にしていたのなら、その時期は一〇月ごろと想定できる。また動物の狩りは冬が定番とされ、加えて毛皮の質も冬季のものが上質という。実際に出土したシカの角からは、秋口から冬にかけて狩りをしていたことが予想できる。ただし、これ以外の時期にも狩りをおこなったかどうか現在のところわからない。また出土した魚骨が遡上したサケのものだとすれば、やはり秋がその季節となる。さらに付け加えれば、とくに「下部」で拇指状掻器が多くみつかるのは、秋から冬の生活を送るための、季節的な要素であるのかもしれない。

つまり、縄文早期はじめに栃原岩陰遺跡を利用したシーズンについては、今のところ秋口から冬の時期が想定できるが、これ以外の季節については不明といわざるをえない。今後の課題としておきたい。

第4章　変化する生活をさぐる

1　変わる出土遺物

押型文系土器

栃原岩陰遺跡で表裏縄文期のつぎに人びとの生活の痕跡があるのは、「中部」にみる縄文早期前半の押型文系土器の時期である。一つ尾根を越えた南相木村の大師《だいし》遺跡では、この土器群のなかでも古いとされる格子目文《こうしめもん》土器（立野《たつの》式）が放射性炭素年代測定で約一万四〇〇〇年前のものと分析されている。表裏縄文土器を使っていた「下部」のころよりも、温暖な時期が訪れていた。

押型文系土器は信州を含む本州西部から四国、九州の広い地域でみられ、表裏縄文土器に続く早期前半に位置づけられている。押型文というのは、模様を刻んだ短い棒を土器の器面に転がしてつけた文様（図48）のことで、この文様を施文した土器を総称して押型文系土器とよんでいる。これら押型文系土器は長野県内では古い順に、立野式、樋沢《ひざわ》式（沢《さわ》式）、細久保《ほそくぼ》式、そして相木《あいき》式という順に考えられている。ただし、研究者によっては異なる編年観も示されており、決着がついていない。

栃原岩陰遺跡からは多様な押型文系土器が出土している。しかし出土量は表裏縄文土器にくらべてずっと少なく、コンテナボックスにしてせいぜい一〇箱ほどにすぎない。以下、出土レベルごとに文様などの特徴をみていこう（図49）。

まず深さ三・五〜三・九メートルでは、格子目文をもった土器（図49①②）が出土しているが、数は一〇点ほどである。またこれに前後する深さで、雲母を多量に含んだ大ぶりの山形文《やまがたもん》を浅く縦横に転がした土器片（図49③）も出土している。これらは主に長野県内で立野式とよばれる土器である。

つぎに深さ二〜二・七メートル前後では、より細かな山形文が間隔を密にして、縦方向と横方向に施文してある土器（図49④）が多くみられる。また帯状に山形文を施したものが深さ二・一〜二・五メートル付近にみられるが、これらは長野県内の樋沢式に相当する。さらに、深さ二・六〜三・二メートル前後には、同様の文様構成で、胎土に黒鉛を含んだ土器（図49⑤）が出土している。これは沢式とよばれ、岐阜県などやや西

図48 ● **押型文の施文方法**
鉛筆よりも細いくらいの小枝に文様を刻み、
土器の表面に転がすことで文様効果を生む。
写真は格子目文を再現したところ。

①格子目文。帯状の施文

②しっかり焼けている格子目文土器

③雲母を大量に含む大振りな山形文の土器。施文は浅い

④密に施文された山形文土器の
底部付近大型破片

⑤沢式。黒鉛が含まれ硬くよく焼けている（同一個体）

⑥著しく尖った山形文土器の底部破片

図 49 ● 中部出土の押型文土器

方に多い土器だ。

さらに深さ一・八〜二・五メートルになると、横方向の楕円文の土器片（図50）が多くなる。なかには同じ原体、あるいは異なる原体とで横方向の帯を意識したり、刺突文という棒の先を突き刺した文様を加えた土器も出土している。これらは細久保式とされる土器型式に相当する。

このように、これらは出土レベルの深い順に、立野式、樋沢式、細久保式とされる土器型式に相当し、従来の長野県内の押型文系土器の編年に沿った段階ごとのまとまりとしてとらえることができる。しかし記録の関係で出土レベルが不明確なものも多くみられるので、現段階で明確な層位的区分を示すことには慎重でありたい。

さらに、「上部」の深さ三〇〜九〇センチ前後では、相木式とよばれる、それまで知られることのなかった一風変わった土器が出土している（図

図50 ● 中部出土の楕円文土器
上：さまざまな楕円文。下：大型破片。

51）。大きな波状の口縁をもち、裏面や胴下半部に大きな山形文がみられるが、上半部に筒状の道具でつけた押引文《おしびきもん》という文様が特徴的だ。時間的に重なるが別系統ともいえる、早期中ごろの東日本に発達する貝殻沈線文《かいがらちんせんもん》系土器の要素が加味されたものといえよう。このタイプの土器は一個体のみの出土であった。

通例、このように発見例のない土器については、みつかった遺跡名をとって型式名とする。とすれば、この土器は「栃原式」となるのであるが、相木式がいつの間にか定着している。現在では西日本の穂谷《ほだに》式との関連が指摘され、近隣では岡谷市の禅海塚《ぜんかいづか》遺跡から類例が出土している。

また、これら以外にも、深さ三・五〜三・七メートル前後では網目状の撚糸文土器が、深さ三・七〜三・九メートル前後では縄文を磨り消している大型の土器、やはり深さ三・九メートル前後で沈線による山形模様をめぐらせた土器などが出土している。さらには各層から無文の土器が散見される。これらの細かな時間的位置づけについては、今後の課題の一つである。

図 51 ● **相木式土器**
唯一確認された個体。波打つ口縁をもち、上半分には押引文が、下半分と裏面には山形の押型文がみられる。押型文系土器の終末に位置づけられている。高さ 26cm。

炉跡と石器の変化

さて、この押型文系土器の時期でも、土器以外に石器、獣骨、骨角器、そして炉跡などが多彩に出土し、縄文人のこの場を利用した生活の様子をうかがうことができる。

生活の痕跡として、深さ一〜二メートルで一四カ所の焼土がある。深さ二〜三メートルでは石組み炉が一八、焼土が一五、深さ三〜三・五メートル付近では石組み炉が九、焼土が七みつかった。

さらに多数の灰層がこれに加わる。灰層は各レベルでみられるが、深さ三・四五メートル付近では土器片でかこったものもあるなど、バリエーションも多い。人びとはこの場で獲物の動物の骨や石からさまざまな道具をつくり、土器で煮炊きをしながら生活を営んでいたのだろう。

その様子は前章にもみられたものであるが、「下部」とくらべると出土遺物のちがいも多い。たとえば、皮なめしの道具である拇指状掻器は、「中部」ではごくわずかしか出土しない。温暖な気候のなか、皮革製品の需要が減少したことを示しているかもしれない。

また「中部」の矢尻は足が伸び、やや大型化している（図25参照）。この時期には、出土する動物の骨も小型動物が減少し、シカやイノシシが増えている。矢尻の大型化は、狩りの対象がこれら中・大型獣に特化したことによるともいわれている。あるいは自然環境の変化を示している可能性も指摘できよう。

そうした個別のちがいとともに、生活用具である土器や植物加工具である大型石器、そして食料にされたはずの動物骨全体の出土量が、「下部」とくらべて減少していることは注意すべきだろう。岩陰の利用形態に変化があった可能性がある。

また「中部」では、前述のとおり、押型文系土器のなかでも古いとされる立野式からより新しい細久保式まで各時期の土器がみられる。つまりかなりの時間幅のあるなかで、生活スタイルが一様であったとは限らないのである。

2　岩陰に埋葬された縄文人

人骨の出土

栃原岩陰遺跡は、発見当時から、人骨の出土が注目されていたが、調査を重ねるにつれ、その数は一二体におよんだ。発見された部位や性別・年齢を図52にまとめた。

北相木村考古博物館では、「人の住むすぐ側にお墓があったのですか?」という質問をよくうける。けっして広いとはいえない岩陰内で、生活の跡と人骨が出土したとあっては、当然の疑問である。実際にはどうであったのだろうか。

一二体の人骨のうち、一号から九号までは、いずれも「中部」の出土である。このうち一・二・四・六・七号の五体は、深さ一・五から二メートル前後で、岩陰奥部の比較的近い位置で発見されている。遺跡発見のきっかけともなった一号人骨は、胸の周辺に平石が置かれ、その表面に背骨と肋骨の一部が付着していた。埋葬の際置かれた抱き石であろう（図53）。抱き石らしき石は、このほか二・四号人骨付近でもあった。また六号を除き、ほぼ全身が残り、いずれも膝を折り曲げた姿勢の屈葬であった（図6参照）。これらは埋葬された人骨と考えるのが妥当であろう。

一方、体の一部分しか発見されなかった三・五・八・九号の四体については、埋葬の後なんらかの理由により部位が失われたのか、あるいははじめから遺体（遺骨）の一部分が運ばれたのか、慎重な判断を要する。なお、やはり部分的に出土した一〇号はV区出土である（残りの幼児遺体は前章で紹介している）。

細面の栃原縄文人

北相木村考古博物館では、出土した人骨のうち一号と四号の復元した顔を見学することができる（図54）。これは博物館建設に際し、西沢、藤田の指導のもと、西尾製作所が一九九二年に製作したもの

番号	大　別	区画	出土レベル (cm)	部　位	出土状況	放射性炭素年代測定 較正年代(calBP)
1	成人男	Ⅱ	−155	全身	密接して埋葬・南西向き 横位屈葬・抱き石	9472〜9304
2	成人男	Ⅰ	−201	全身	密接して埋葬・南西向き 横位屈葬	9674〜9480
3	新生児	Ⅲ		一部	点在	
4	成人女	Ⅰ	−173	全身	密接して埋葬・北西向き 横位屈葬	9557〜9452
5	新生児	Ⅱ	−230	一部	点在	
6	成人	Ⅰ	−158	体幹骨と四肢骨の一部	密接して埋葬・南西向き 横位屈葬	
7	成人女	Ⅰ		全身	密接して埋葬・南向き 横位屈葬	9527〜9407
8	成人女	Ⅲ	−211	肋骨，骨盤の一部，四肢骨など	南西向き	9433〜9140
9	成人男(熟年)	Ⅰ拡	−250〜260	頭蓋骨	フィッシャーに落ちた状態	
10	成人女	Ⅴ	−150	下顎骨，体幹骨，上肢骨	埋葬位は不明	9405〜9124
11	幼児3歳半	Ⅱ	−390	全身	落盤の下・各骨は粉砕	
12	幼児5歳半	Ⅱ	−390	全身	落盤の下・各骨は粉砕	

図52 ● 出土人骨一覧表
12体の人骨はいずれも縄文早期のものと考えてまちがいないだろう。
とくに1, 2, 4, 6, 7号人骨は埋葬されたものとして注目される。

である。

この顔は実際の頭骨からレプリカを製作し、復元に必要な軟体部の数値データにもとづき肉づけをおこなっており、当時の顔を正確に追究したものである。彼らの印象を一言でいいあらわすと、華奢ということになる。これは縄文早期人骨の特徴ともされているが、細かくみていくと、たんに華奢とはいい切れない面もある。

まず顔は全体的にほっそりしており、とくに下顎が小さい。しかし顎の筋肉の付着する部分は大きく、噛む力は強かったと考えられる。歯は著しく磨り減っているものが多く、固いものを噛む食生活や歯で皮をなめしたことが予想される（図55）。なかには作為的に削った可能性のある歯も含まれる。

手もやはり華奢で、現代人や後の縄文人とくらべてもほっそりしている（図56）。それほど大きな力仕事はおこなっていなかったのかもしれない。一方、下肢骨の筋肉付着部がよく発達しており、足腰は頑丈にできていた。これは彼らがよく歩く生活をしていたことを示しているという。

図53 ● 抱き石
1号人骨の抱き石には背骨と肋骨の一部が付着していた。

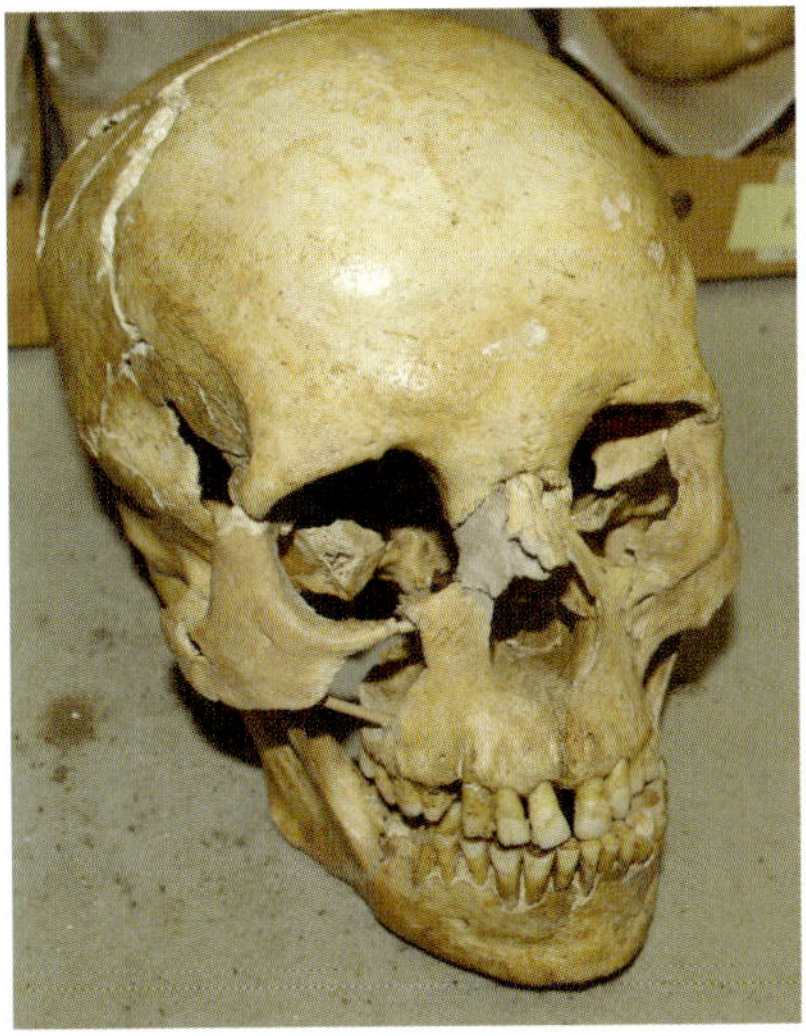

1 号人骨。最初にみつかった男性の頭骨

1号人骨の復顔。ややほっそりした顔立ちをしている

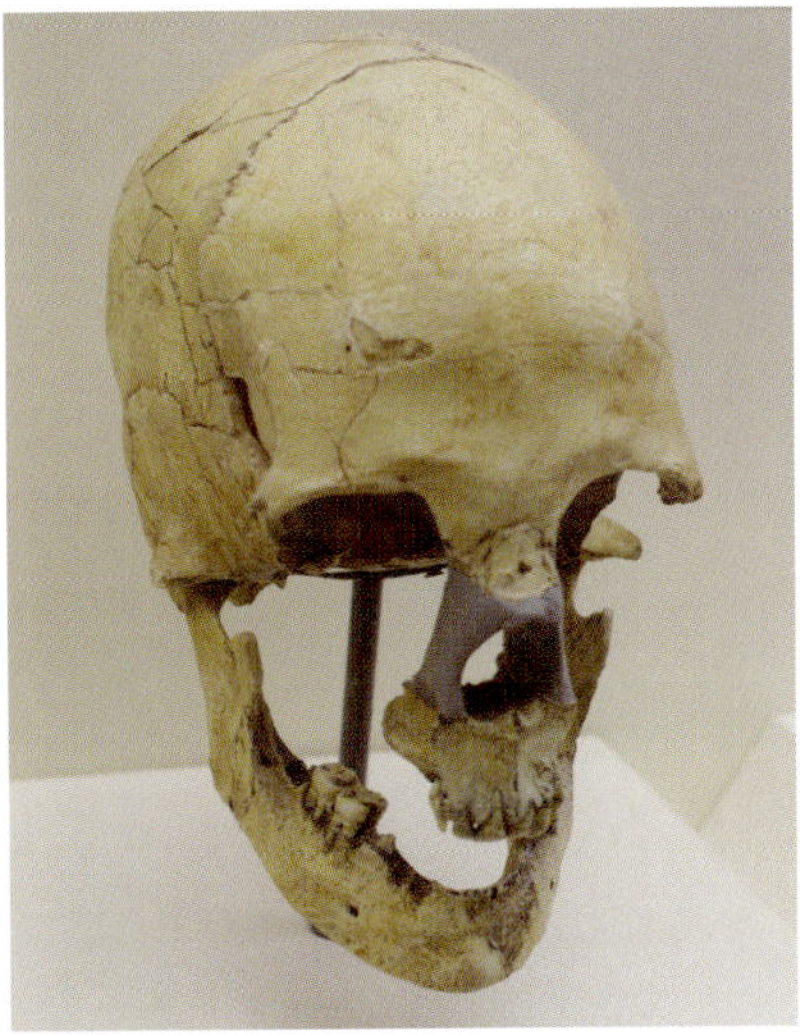

4号人骨（レプリカ）。成人女性。残りが非常によい

4号人骨の復顔。1号に似るが、両者の関係は今のところ不明

図 54 ● 出土した頭骨とその復顔
1 号、4 号とも後の縄文人とくらべるとややほっそりしているが、いずれも縄文早期人の特徴をよく示している。保存状態の良さも注目される。

人骨から年代を測定する

これらの人骨について鈴木や西沢らは、調査当初からその出土層位と形質人類学的な立場から縄文早期人骨とみなしていたのだが、縄文人骨としてはやや面長な顔立ちや、後の時代の掘り込みが発掘調査で明確にされていなかったこと、さらには周辺地域では洞窟から弥生人骨がみつかることなどから、あるいは弥生時代以降のものではないかという疑念をもつ向きもあった。

しかし、二〇〇二年に米田穣によって、このうち六体についてAMS法による年代測定がおこなわれ、およそ九五〇〇年前という年代がえられた（図52参照）。

考古学では、過去の時間を計るのに放射性炭素年代測定を多く用いる。炭素のうち炭素14は、時間の経過にともなって壊れて減少するという特性をもつ。生きている生物は、体内に大気と同じ濃度の炭素14を含んでいるが、生命活動を停止すると炭素14が一定の速度で減少する。

つまり、炭素14の量を測定すれば、その生物が生命活動を停止してから、どれくらいの時間

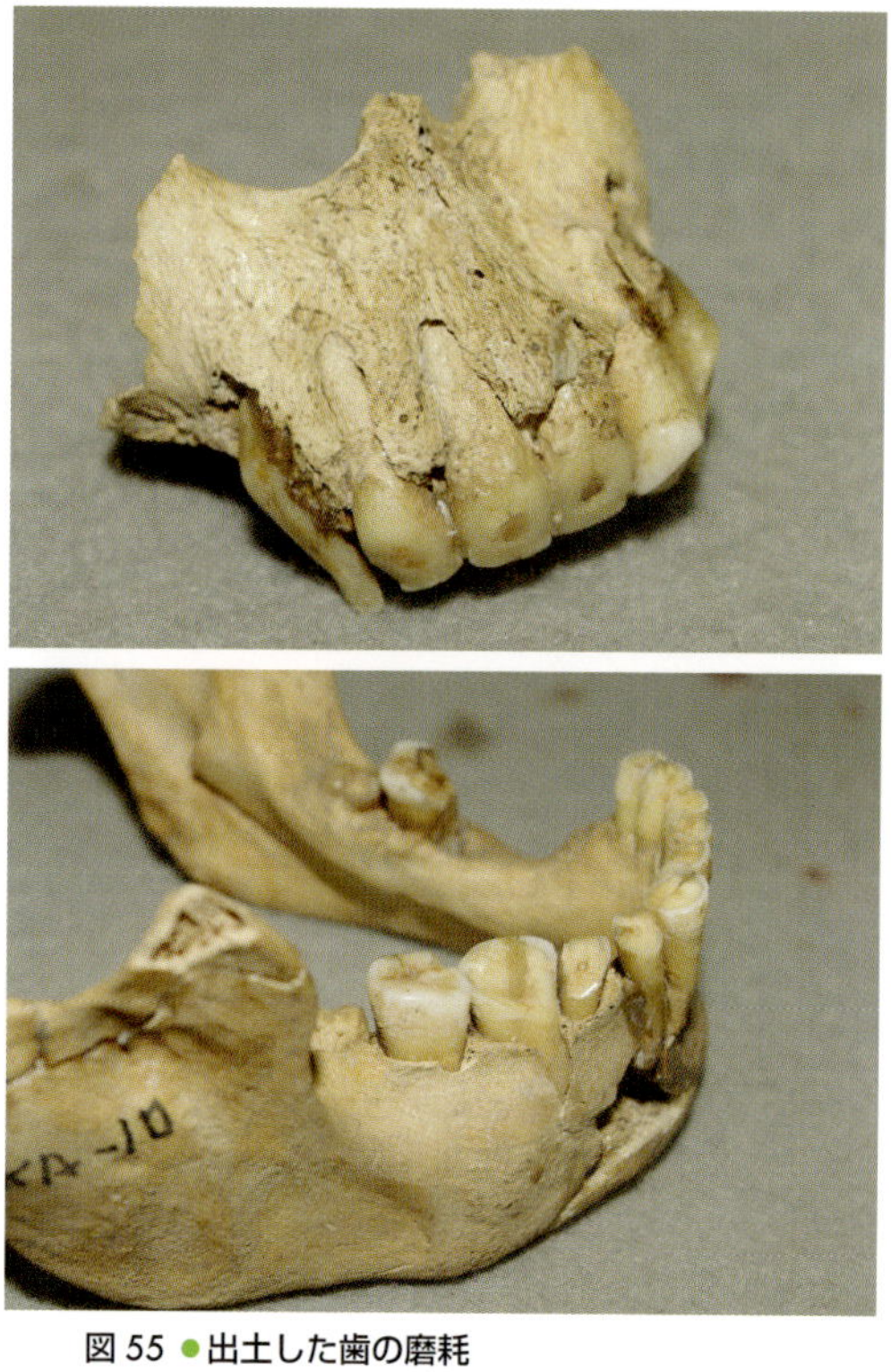

図55 ●出土した歯の磨耗
上は4号人骨上顎、下は10号人骨下顎。どちらも激しく磨耗していることがわかる。

が経過したかがわかるのである。

とくに一九九〇年代から本格的に導入された加速器質量分析法（ＡＭＳ法）では、数ミリグラムの量で測定することが可能となり、わずかな骨や炭化物から、その年代を分析することができるようになった。

この測定によって出されたおよそ九五〇〇年前という年代は、人骨が出土した層位の土器編年とも矛盾がないことから、これが縄文早期の人骨であるということが確定されたのである。また近年、栃原人骨をくわしく分析した馬場や茂原も、形態的にみて、縄文早期の人骨でまちがいがないとしている。

二人は家族か？

現在の研究では、人骨から引きだせる情報はじつに多様である。たとえば遺伝的に類似性の強いとされる歯の形状の分析、さらにはｍｔＤＮＡという、細胞中のミトコンドリアに存在し母方の遺伝情報を伝えるＤＮＡが検出されれば、人びとの血縁関係に迫れる可能性もある。

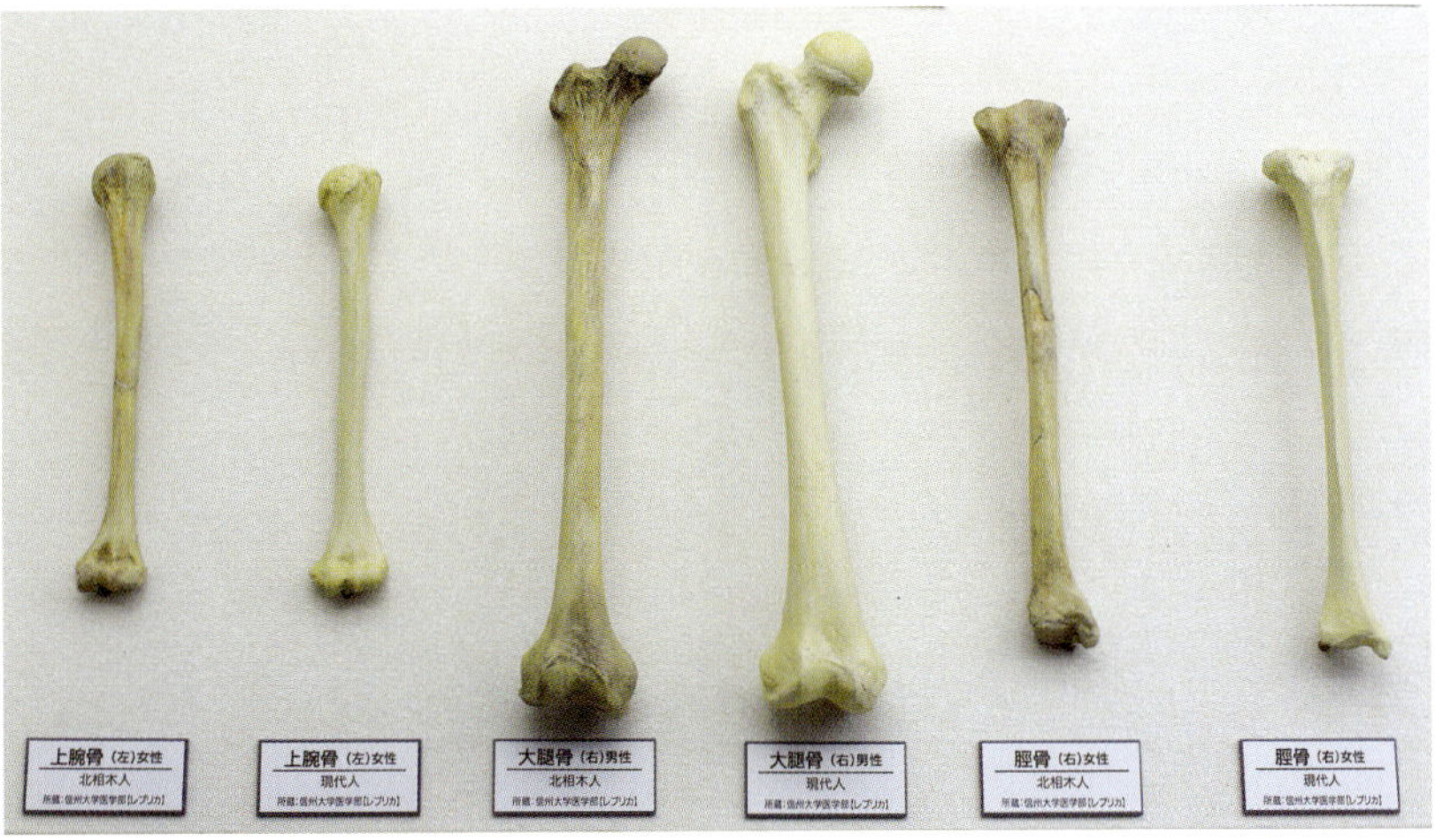

図 56 ● **現代人の骨との比較**（写真はレプリカ）
左から左上腕骨（女性）、右大腿骨（男性）、右脛骨（女性）。それぞれ左側が出土人骨、右側が現代人。栃原人骨は全体的に小さく細いが、とくに足の骨では、筋肉の付着面がしっかりしている。

しかし、栃原岩陰遺跡出土の人骨は、分析を試みた国立科学博物館の篠田謙一によると、残念ながらＤＮＡの残存状態が悪く、現在の技術では摘出不能とのことである。また彼らが歯を酷使し、歯冠が激しく磨耗していることはすでに紹介したが、これは彼らの暮らしぶりを示している点では重要であったが、その磨耗がわざわいし、形態から親類関係をとらえることも不可能だった。だが、少なくとも一・二・四・六・七号の五体は、比較的短い期間に埋葬されたと考えられることから、行動をともにした集団、またはその系統に属した間柄ではなかったかと推察している。

岩陰は住居、それとも墓?

以上、確認されている一二体のうち、深さ一・五〜二メートル前後で発見された五体（図57）は、約九五〇〇年前の押型文系土器の時期に、この場に埋葬された人骨である可能性が高いことがわかった。

ここで先の疑問、つまり人の生活空間と墓地との関係についてもう一度考えてみよう。まず注意しなければならないのは、これら埋葬人骨が出土したレベルが、「中部」のなかでも遺物の出土量が少ないところである点だ。つまり同じ押型文系土器の時期でも、はじめは住居として利用し、埋葬人骨が出土する後半では生活の痕跡がより薄く、岩陰内は墓地として利用されたと考えることもできるのである。落盤が続き岩陰が狭くなるにつれ、利用の仕方が変化したとしても不思議ではない。

しかし、この遺物の少なさについては、調査当時から指摘されていたように、道路の拡幅工事などで川側の平坦部が削られた結果とも考えられる。

ほかの遺跡の例をみてみよう。愛知県の上黒岩《かみくろいわ》岩陰遺跡では、押型文系土器の時期で二八体の人骨が確認されている。その多くが岩陰の奥まった部分で発見されていることから、岩陰の入口付近が生活の場、奥まった部分が墓地という考えが出されている。

縄文時代と現代とでは、死、あるいは死者に対する観念が同じである保証はない。むしろ栃原岩陰遺跡よりも後の縄文集落では、中央に墓域が存在する例が多く、縄文時代全般に、死者はより身近な存在だったのかもしれない。

ひるがえって先の埋葬人骨の出土位置を見直してみると、一・二・四・六・七号の五体は、やはり岩陰奥部に偏っている。つまり早期前半のある時期、人びとはこの場所を住居と同時に墓所としても利用していた可能性も捨てきれないのである。

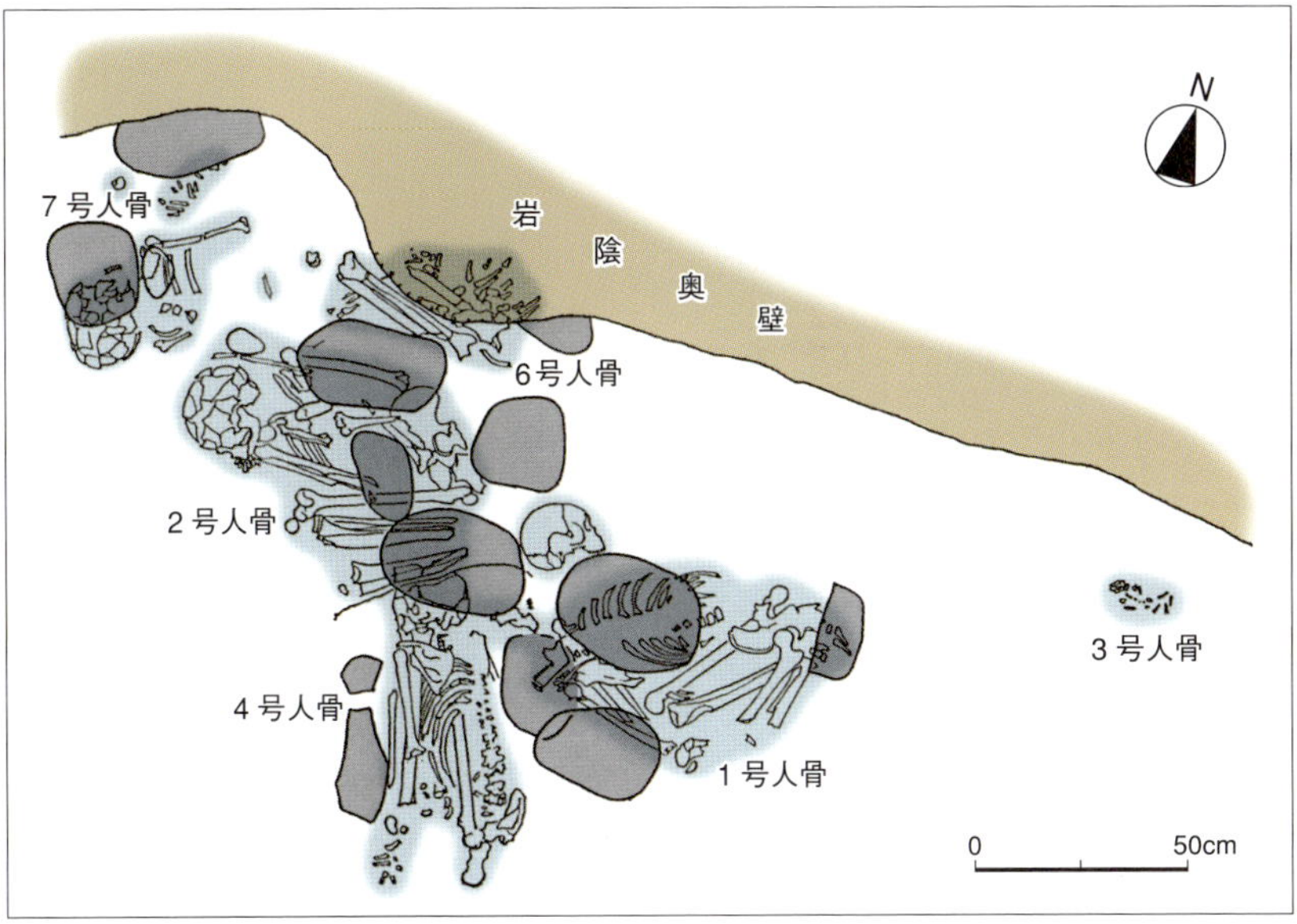

図 57 ●埋葬人骨位置図
岩陰奥の壁面側に集中していることがわかる。
それぞれが近い位置にあることもみてとれる。

3　岩陰に腰を落ち着ける

石器の変化

このほかにも「下部」とのちがいとして、小型石器の出土量が多くなることがあげられる。ただし黒曜石製のものについてよくみると、その量のうちの大半が石器製作時に生じる石屑である。石鏃やスクレイパーなどの定型的な道具はむしろ減少している。さらに「下部」ではほとんどみられなかった残核や、やや大型の原石もみられる（図58）。

このことは、当時の人びとが、この場で黒曜石の原石を打ち割って素材となる剝片をつくり、さらに二次加工をして石器を仕上げていたことを示している。素材の状態でもち込んでいた「下部」とは大きなちがいがある。

また「下部」では、蛍光X線産地分析により複数の黒曜石原産地が認められたが、「中部」では分析した一〇〇点のうち七六点が西霧ヶ峰系のものであった（図42参照）。つまり、限られた原産地から、これまでより大型の黒曜石を運んでいたことになる。

さらに、これまでほとんど使わなかった地元石材であるチャートを用いる率が高まることも指摘できる。

腰を落ち着けて生活

これら小型石器の様相の変化は、人びとの生活形態の変化を反映していると考えられる。早期はじめの表裏縄文土器の時期は、いくつかの黒曜石原産地をまたにかけ、その場で素材の状態となった黒曜石を入手しながら、各地で必要な石器をつくる暮らしが予想できた。

それに対し、続く押型文系土器の時期では、一つの原産地から原石そのものを入手し、栃原岩陰遺跡で剝片剝離作業から石器製作をおこない、必要とあれば地元石材であるチャートを用いて不足分を補うという、これまでよりも腰を落ち着けた生活が予想できる。

ただし、それでも通年この場で暮らしたかというと、それも考えづらい。チャートの利用もあくまで補助的なものであり、また先に記したように、人骨の分析では人びとがよく歩く生活をしていたことが予想できるから、やはり前時代同様、移動をともなった生活が想定できる。

つまり移動を基本とした暮らしを送りつつも、前代とくらべ一カ所にとどまる時間の長い、長期滞在型の移動生活をする、そんな時代ではなかったか。

図58 ● 中部出土の黒曜石残核
中部ではゴロッとした小型の残核がやや目立つ。
右上は例外的な大型の残核。

4　早期縄文人が歩いた地

貝はどこから来たのか

博物館でうけるもっとも多い質問は、「なぜ、山のなかの遺跡に海の貝があるのか」というものだ。「中部」では、製品としては不要となったタカラガイ類の殻頂部（背部）が一〇点以上出土しており、少なくともこの時期、貝の加工を当地でもおこなっていたようだ。

当時ここが海ではなかったことはすでに述べたが、栃原岩陰遺跡を利用した初期縄文人が、移動しながらの生活を送っていたとすると、この時期に海からもたらされた物品があることも納得がいく。つまり彼らが海岸地方で、直接これらを手にすればいいのである。

可能性としては、それもありえる。しかし問題はそう単純ではないようだ。

貝類の生物的な産地について、藤田は全体の傾向から温暖系、おそらくは太平洋側のものと予想している。これについては縄文遺跡出土の貝類を研究する忍澤成視《おしざわなるみ》も同様の意見である。さらに忍澤の調査によれば、栃原岩陰遺跡でみられるタカラガイ、ツノガイ、イモガイなどは、それぞれ図59に示した地点で採集できる。もちろんこれが縄文時代の貝の分布とイコールではないにせよ、その産地を考える貴重な材料になることは確かである。

なお栃原岩陰遺跡の位置する相木川は、千曲川の源流に近い支流であり、いうまでもなくそのまま下れば日本海に出る。しかし、直線距離ではわずかに太平洋に近い。

ここではイモガイもみられる太平洋沿岸を産地として、その入手方法を考えていこう。

図 59 ● 貝の採集地点（現代）と石器原石の産地
忍澤の調査によると、現在でも、貝殻の採りやすい地点は限られるようだ。縄文時代とでは違いもあるだろうが、彼らも利用しやすい場所を知っていたのだろう。また、栃原で確認された黒曜石の産地は信州系に限られ、現在のところ貝の産地とは重なっていない。

食料の復元

結論的にいうと、現在のところ栃原岩陰遺跡の人びとが直接海岸地域で貝を拾った可能性は低いのではないかと考えている。その理由の一つは、彼らが食べていた食料である。骨のなかには膠原（コラーゲン）線維とよばれる線維が含まれており、この成分であるコラーゲン蛋白を分析し、摂取した食料の炭素や窒素の安定同位体から、当時食料としていたものの傾向を復元する研究がある。実際にこのような分析によって、各地の縄文人の食事の一端が示されている。長野県のような内陸部では植物に、千葉県のような海岸部では魚介類がやや増し、そして北海道の沿海では海棲哺乳類にその比重が偏るという傾向が知られている。

なお炭酸同化作用の方式による植物の分類では、クリ、クルミ、ドングリ類や、ヤマイモ、ユリなどの根茎類からなるC３植物と、アワ、ヒエ、キビなどのC４植物とよばれるものがある。縄文時代ではこのうちC３植物の摂取が多かったようだ。

人骨の年代測定をおこなった米田は、安定同位体分析もおこなった。これによると、栃原岩陰遺跡で発見された人びとは、やはり木の実などのC３植物、またはそれを食していた草食動物をおもな食料としていたことになる。

さらに現在のところ、原産地推定による黒曜石の産地は信州にほぼ限定される。つまり貝製品などと産地が近いか、あるいは重なる可能性もある伊豆・箱根産の黒曜石は確認されていない。仮に人びとが貝の採れる太平洋岸まで出向いていれば、そこでも黒曜石を入手していてもよさそうなものであるが。

彼らの移動範囲は信州の黒曜石産地を含みつつも、海岸地方まではおよばず、おもに内陸部に限られていたのではないだろうか。もちろんその明確な範囲や時期による拡大縮小を明らかにするのは今後の課題であるが、早期縄文人の移動生活に関し、多少なりともそのイメージが浮かんでくる。ただし、これらは状況証拠にすぎず、別の見方もまた可能であろう。彼らがより長い距離を動いていたとする意見も多い。今後も考察を重ねていく必要がある課題といえる。

共通の価値観

さて、かりに貝製品が人づてにもたらされた物品とすれば、それら海産物には人の移動とは異なる流通の仕方が存在したことになる。すなわち、海岸で実際に貝を採集する集団もあれば、栃原岩陰遺跡を利用した人びとのように内陸部を行動範囲にした集団もあったということだ。

栃原岩陰を利用した集団は、移動の最中のどこかで、貝をもった別の集団と出会った。その集団が、直接貝を採集したのか、あるいはさらに別の集団からそれを入手したのかはわからない。その両方があったかもしれない。いずれにせよ、彼ら複数の集団が、貝製品に対し、共通の価値観をもっていた可能性がある。さらに貝製品に宗教的、社会的意味合いがともなっていたとすれば、それは生活用具が共通するという以上の意味があるだろう。

実際に、六〇〇キロほど離れた愛媛県上黒岩岩陰遺跡などにおいても、やはり早期の押型文系土器の時期に同様のタカラガイ製品などが出土している。この事実は、縄文時代初期にあっても、人びとは広い範囲で価値観を共有していたという考えの傍証になりはしないだろうか。

第5章　その後、栃原岩陰は

1　縄文集落の出現と岩陰

その後、栃原岩陰はどのように使われたのだろうか。

出土遺物をみると、V区と一九八三年調査区で、貝殻沈線文系や貝殻条痕文系土器とよばれる縄文早期中ごろから後半の土器がややまとまって確認されている（図60）。

その後、縄文前期になると、やはりV区と一九八三年調査区で前期はじめの羽状《うじょう》縄文系土器や前期後半の諸磯《もろいそ》式土器などが出土するが、遺物の量は早期後半とくらべてもごくわずかにすぎない。続く縄文中期では、一九八三年調査区で中期はじめの五領ヶ台式土器の優品（図61）があるものの、そのほかの地点ではわずかに中期中葉の土器片が確認されているのみである。

このように、早期後半以降の生活痕は、早期前半とくらべると微々たるものである。なぜそのような差が生まれたのだろうか。

縄文時代も早期以降、とくに前期になると、日本列島各地で「集落」とよべるような遺跡が数多く発見されるようになる。北相木村内でも、チャートの利用ですでに紹介ずみの木次原遺跡で、前期初頭の竪穴住居跡が一軒みつかっている。隣接する小海町の中原遺跡や南相木村の大師遺跡では、前期後半の集落が確認されている。

そして縄文中期になると、信州は「縄文王国」と称されるほど縄文集落が数多く出現し、縄文文化が花開く。つまり前期以降、縄文人は開けた台地上に定住的なムラを構えたのである。では、岩陰はどのように利用されたのだろうか。みつかる遺物の量はわずかであるから、長期的な居住は想定しがたい。なんらかのキャンプ地的な利用が考えられる。

図60 ●縄文早期後半の土器
タテ約20cmの大型破片。V区ではこうした早期後半期の土器が出土している。

図61 ●縄文中期はじめの五領ヶ台式土器
1983年調査区で出土。口縁部から胴部まで残されており、ていねいにつくられた優品といえる。

2　山住みの民を求めて

山間部の弥生遺跡、弥生再葬墓

縄文時代の後、日本列島の多くの地域では稲作文化が広がる。弥生時代の開始である。北相木村をふくむ高冷の佐久地域では、弥生中期後半になって、現在の佐久平とよばれる近辺で規模の大きな集落跡が出現する。「平」という名のとおり、千曲川やその支流がつくった沖積地が広がる一帯であり、水田にも適していたのであろう。こうしたなか、とても水田稲作に適さない寒冷な山間部を、人びとはどのような理由で訪れたのだろうか。

弥生前期から中期の前半には、東日本を中心に弥生再葬墓とよばれる埋葬方法がみられた。亡くなった人をいったん埋葬し、そのあとで遺体またはその一部を、あらためて別の場所に安置する葬送である。

栃原岩陰遺跡では、弥生初期の土器がみつかっているが、これとよく似たものが佐久市の東《ひがし》五里田《ごりた》遺跡などでもみつかっている。また、これにほど近い佐久市の月明沢《げつめいざわ》遺跡の内容は興味深い。この遺跡は蓼科山の裾野の末端にある急傾斜の崖面にある岩陰遺跡で、西沢寿晃と小松虔の報告によれば、弥生前期の土器とともに、一〇体以上の人骨、さらに開孔された人の歯などが確認されており、岩陰を利用した弥生再葬墓と考えられる。ただし現在のところ栃原岩陰遺跡では再葬墓の証拠はみられていない。

山住みの可能性

天狗岩岩陰部で出土した弥生土器には、おそらく中期後半から後期のものも含まれている。ここからは、ふだんは佐久平付近で稲作をおこなっていた人びとが、何かの理由で臨時的に利用したという考えが浮かぶ。山での食料調達、あるいは群馬側に抜ける際のキャンプ地だったのかもしれない。

しかし一方では、山で生活する人びとの存在を想定する考えもある。日本の各地に明治ごろまで存在し、定住することなく各地を転々としながら川魚漁や竹細工などで生計を立てていたサンカや山で狩猟生活をするマタギのような人びとを思い浮かべてほしい。

現在のところ、これを積極的に指し示す証拠はないが、栃原岩陰遺跡をはじめとする各地の山間部の遺跡が、これらの問題に切り込む材料となるのは確かであろう。

山村の生業

弥生時代以降、人びとの居住地が水田稲作の可能な地帯へ集中することは明らかだが、古墳時代にもこの傾向は変わらない。事実、山間地である千曲川上流域の南佐久郡下では、古墳そのものの発見例はごくわずかでしかない。

栃原岩陰遺跡では、土師器とよばれる古代の土器片が出土しているが、そのわずかな量からも、長期間ここを利用したとは想定しにくい。やはり一時的なキャンプ地だったのだろう。また現在のところ、上田市の鳥羽山《とばやま》洞窟のような、古墳時代における埋葬の跡もみられない。

奈良・平安期、村内では坂上《さかうえ》遺跡で墨書《ぼくしょ》土器を含む土器片が、木次原遺跡で奈良時代の竪穴住居跡が一軒発見されている。これらを含み、とくに一〇世紀以降は、佐久の山間部でも居住地が散見できるようになる。水田稲作は想定できない標高一〇〇〇メートルを超える高冷地であるが、ある程度の期間滞在していた人びともあったはずだ。

彼らはいかに暮らしたのか。いまでいう山仕事か木工細工をおこなう集団もいただろうか。ここにも山間部独自の生活・文化の存在を感じとることができるのである。

図 62 ●内耳土器
1983 年調査区出土。本来は内側に把手の付く鍋である。1999 年度の調査でも破片が出土している。

武田氏と岩陰遺跡？

戦国時代、武田氏の家臣として活躍したといわれる相木氏の築いた城が、北相木村坂上・中尾集落にある相木城である。

前述の通り、一九八三年および九九年の天狗岩岩陰部の調査では、この相木氏が活躍する前後、一五世紀後半から一六世紀ごろと思われる内耳土器が発見されている（図62）。野営によく使われたというが、これを岩陰内部で使ったのはいかなる人びとだったのか。

もしかしたら武田騎馬軍団に出入りのある人物も……。むろん、これは想像にすぎない。

出土した一枚の銭貨

その後相木の地で水田が開かれたのは、記録では一六七六年、徳川四代将軍家綱のころである。これ以後も田の面積は少なく、人びとは主に畑作や林業で暮らしていたのだろう。

一九九九年の調査で出土した寛永通宝（図63）は、背面に「文」の字が刻まれた寛文八年（一六六八）以降の「新寛永」と思われる。つまり、北相木で水田が開かれる前後か、それ以降のものということになる。

近世になると、庶民が銭貨を使うようになり、山岳信仰においても「お賽銭」があったようだ。とくに岩陰内に祭祀的な対象を設け賽銭した例は多い。ただし、「博打穴」などとよばれている洞窟岩陰が各地にあり、公式には幕府によって禁止されている賭事をおこなっていたらしい。栃原岩陰遺跡がこれに該当するかどうかの証拠はないが、あの穴のなかで、男たちが賭事に興じていた姿を想像するのも悪くない気がするのである。

図63 ● 寛永通宝
江戸期の寛永通宝（左：表面、右：裏面）。
どのような使われ方をしたのだろうか。

そして祈りの場へ

こうして、遥か一万年におよぶ栃原岩陰遺跡の旅は、再び現代にたどり着いた。一九六五年の遺跡発見当時、栃原岩陰部は野菜の室とされ、天狗岩岩陰部では祠がつくられていた。ここでは現在も地元栃原地区の氏神を祀る行事が毎年おこなわれている。

つまり、一九六五年の輿水と新村による遺跡としての発見まで、その歴史は口をつぐみ、ひっそりとたたずんでいたのである。

遺跡の魅力と歴史的意味

縄文早期のはじめのころ、定住化が進むとされる縄文時代にあって、移動をくり返しながら栃原岩陰で生活した集団があった。そして弥生時代以降も、里とは異なる山間部独自の生活や生業をもつ集団の姿が予想された。おそらく、日本列島の歴史のなかには、それぞれに独自の生業をもった人びとが、それぞれに関係しあいながら存在しつづけていたはず

図64●ノンコ岩1岩陰遺跡調査風景
ノンコ岩1岩陰遺跡は、栃原岩陰遺跡の北東約50mにある。2007年の分布調査をもとに、2008年から発掘調査をおこなった。流域の調査は今後も継続予定である。

だ。そんなことを考えさせてくれる、これこそが山間部の岩陰遺跡のもつ魅力であり、歴史的に重要な点ではないだろうか。とくに相木川流域には岩陰地形が多く、現在も首都大学東京・総合研究大学院大学・東京大学のスタッフが調査に臨んでいる。

まだ実測の終わっていない石器、本格的に挑むこととなる土器、山のような獣骨資料、栃原岩陰遺跡にはまだまだ検討すべき材料が満ちている。聞こうとしなければ遺物は何も語らない。私たちが耳を澄まし、そのわずかなささやきを聞きとることが重要なのだ。山村の歴史を凝縮した栃原岩陰遺跡。その聞き取りは、今後も続いていくことになる。

栃原岩陰遺跡をこのような形でまとめるにあたり、これまで研究を支えて下さった多くの方々に感謝を申し上げます。とくに調査初期から関わってこられた西沢寿晃、藤田敬の両氏には、今回も多大なるご理解とご協力をいただきました。あらためて御礼を申し上げます。

博物館紹介

北相木村考古博物館

- 長野県南佐久郡北相木村 2744
- 電話：0267（77）2111
- 開館時間：9：00 ～ 16：30
  （入館は 16：00 まで）
- 休館日：月曜日（祝祭日の場合は火曜日）、
  祝祭日の翌日、年末年始
- 入館料：大人（高校生以上）200 円、
  小・中学生 100 円
- 交通：車にて国道 141 号線「小海大橋」を東に折れ、小海トンネルを通り、県道を約 10 分、北相木村役場隣り。

本書でみてきた栃原岩陰遺跡の出土品を中心に縄文早期の資料を豊富に展示している。栃原岩陰での暮らしを復元したジオラマや人骨発掘現場のレプリカがある。栃原岩陰遺跡見学の際にはぜひ立ち寄りたい。また村内各地の調査で出土した考古資料を復元し収蔵もしている。

現在の栃原岩陰遺跡

北相木村考古博物館展示室

刊行にあたって

「遺跡には感動がある」。これが本企画のキーワードです。

あらためていうまでもなく、専門の研究者にとっては遺跡の発掘こそ考古学の基礎をなす基本的な手段です。また、はじめて考古学を学ぶ若い学生や一般の人びとにとって「遺跡は教室」です。

日本考古学では、もうかなり長期間にわたって、発掘・発見ブームが続いています。そして、毎年厖大な数の発掘調査報告書が、主として開発のための事前発掘を担当する埋蔵文化財行政機関や地方自治体などによって刊行されています。そこには専門研究者でさえ完全には把握できないほどの情報や記録が満ちあふれています。しかし、その遺跡の発掘によってどんな学問的成果が得られたのか、その遺跡やそこから出た文化財が古い時代の歴史を知るためにいかなる意義をもつのかなどといった点を、莫大な記述・記録の中から読みとることははなはだ困難です。ましてや、考古学に関心をもつ一般の社会人にとっては、刊行部数が少なく、数があっても高価なその報告書を手にすることすら、ほとんど困難といってよい状況です。

いま日本考古学は過多ともいえる資料と情報量の中で、考古学とはどんな学問か、また遺跡の発掘から何を求め、何を明らかにすべきかといった「哲学」と「指針」が必要な時期にいたっていると認識します。

本企画は「遺跡には感動がある」をキーワードとして、発掘の原点から考古学の本質を問い続ける試みとして、日本考古学が存続する限り、永く継続すべき企画と決意しています。いまや、考古学にすべての人びとの感動を引きつけることが、日本考古学の存立基盤を固めるために、欠かせない努力目標の一つです。必ずや研究者のみならず、多くの市民の共感をいただけるものと信じて疑いません。

監　修　戸沢　充則

編集委員　勅使河原彰　小野　昭　小野　正敏　石川日出志　小澤　毅　佐々木憲一

著者紹介

藤森英二（ふじもり　えいじ）

1972年、埼玉県生まれ。明治大学第二文学部卒業。
北相木村考古博物館学芸員
主な著作「縄文時代中期中葉後半における、ある土器の系譜—尖石遺跡蛇体把手土器の子孫達—」『長野県考古学会誌』118、「佐久地域の洞窟・岩陰遺跡について—その現状と課題—」『長野県考古学会誌』123、「曽根遺跡のスクレイパー類について」『諏訪湖底曽根遺跡研究100年の記録』、『考古学が語る　佐久の古代史』ほおずき書籍（共著）

写真提供（所蔵）
北相木村教育委員会：8・14・16・17・19・20・22・23・25・26・28〜31・33〜37・39〜41・43〜46・49〜51・53〜56・58・60〜63
『佐久考古通信』No.90：図4、No.68：図27
藤田　敬：図5・6・7・24・38

図版出典（一部改変）
図10・11・12・57：西沢寿晃「栃原岩陰遺跡」『長野県史　考古資料編』
図47（上）：香原志勢他「災害死と推定される早期縄文時代小児人骨」『人類学雑誌』79-1、（下）：西沢寿晃・藤田敬『栃原岩陰遺跡』
図59：貝の採集地は、忍澤成視「大型貝塚調査から見えてきた縄文時代の装身具の実態と貝材利用」『東京湾巨大貝塚の時代と社会』から

上記以外は著者

シリーズ「遺跡を学ぶ」078

信州の縄文早期の世界・栃原岩陰遺跡《とちばらいわかげ》

2011年 8月15日　第1版第1刷発行

著　者＝藤森英二

発行者＝株式会社 新 泉 社
東京都文京区本郷2-5-12
振替・00170-4-160936番　TEL03(3815)1662／FAX03(3815)1422
印刷／萩原印刷　製本／榎本製本

ISBN978-4-7877-1048-2　C1021

シリーズ「遺跡を学ぶ」

A5判／96頁／定価各1500円＋税

●第Ⅰ期（全31冊完結・セット函入46500円＋税）

01 北辺の海の民・モヨロ貝塚　米村衛
02 天下布武の城・安土城　木戸雅寿
03 古墳時代の地域社会復元・三ツ寺Ⅰ遺跡　若狭徹
04 原始集落を掘る・尖石遺跡　勅使河原彰
05 世界をリードした磁器窯・肥前窯　大橋康二
06 五千年におよぶムラ・平出遺跡　小林康男
07 豊饒の海の縄文文化・曽畑貝塚　木﨑康弘
08 未盗掘石室の発見・雪野山古墳　佐々木憲一
09 氷河期を生き抜いた狩人・矢出川遺跡　堤隆
10 描かれた黄泉の世界・王塚古墳　柳沢一男
11 江戸のミクロコスモス・加賀藩江戸屋敷　追川吉生
12 北の黒曜石の道・白滝遺跡群　木村英明
13 古代祭祀とシルクロードの終着地・沖ノ島　弓場紀知
14 黒潮を渡った黒曜石・見高段間遺跡　池谷信之
15 縄文のイエとムラの風景・御所野遺跡　高田和徳
16 鉄剣銘一一五文字の謎に迫る・埼玉古墳群　高橋一夫
17 石にこめた縄文人の祈り・大湯環状列石　秋元信夫
18 土器製塩の島・喜兵衛島製塩遺跡と古墳　近藤義郎
19 縄文の社会構造をのぞく・姥山貝塚　堀越正行
20 大仏造立の都・紫香楽宮　小笠原好彦
21 律令国家の対蝦夷政策・相馬の製鉄遺跡群　飯村均
22 筑紫政権からヤマト政権へ・豊前石塚山古墳　長嶺正秀
23 弥生実年代と都市論のゆくえ・池上曽根遺跡　秋山浩三
24 最古の王墓・吉武高木遺跡　常松幹雄
25 石槍革命・八風山遺跡群　須藤隆司
26 大和葛城の大古墳群・馬見古墳群　河上邦彦
27 南九州に栄えた縄文文化・上野原遺跡　新東晃一
28 泉北丘陵に広がる須恵器窯・陶邑遺跡群　中村浩
29 東北古墳研究の原点・会津大塚山古墳　辻秀人
30 赤城山麓の三万年前のムラ・下触牛伏遺跡　小菅将夫
別01 黒耀石の原産地を探る・鷹山遺跡群　黒耀石体験ミュージアム

●第Ⅱ期（全20冊完結・セット函入30000円＋税）

31 日本考古学の原点・大森貝塚　加藤緑
32 斑鳩に眠る二人の貴公子・藤ノ木古墳　前園実知雄
33 聖なる水の祀りと古代王権・天白磐座遺跡　辰巳和弘
34 吉備の弥生大首長墓・楯築弥生墳丘墓　福本明
35 最初の巨大古墳・箸墓古墳　清水眞一
36 中国山地の縄文文化・帝釈峡遺跡群　河瀬正利
37 縄文文化の起源をさぐる・小瀬ヶ沢・室谷洞窟　小熊博史
38 世界航路へ誘う港市・長崎・平戸　川口洋平
39 武田軍団を支えた甲州金・湯之奥金山　谷口一夫
40 中世瀬戸内の港町・草戸千軒町遺跡　鈴木康之
41 松島湾の縄文カレンダー・里浜貝塚　会田容弘
42 地域考古学の原点・月の輪古墳　近藤義郎・中村常定
43 天下統一の城・大坂城　中村博司
44 東山道の峠の祭祀・神坂峠遺跡　市澤英利
45 霞ヶ浦の縄文景観・陸平貝塚　中村哲也
46 律令体制を支えた地方官衙・弥勒寺遺跡群　田中弘志
47 戦争遺跡の発掘・陸軍前橋飛行場　菊池実
48 最古の農村・板付遺跡　山崎純男
49 ヤマトの王墓・桜井茶臼山古墳・メスリ山古墳　千賀久
50 「弥生時代」の発見・弥生町遺跡　石川日出志

●第Ⅲ期（全26冊完結・セット函入39000円＋税）

51 邪馬台国の候補地・纒向遺跡　石野博信
52 鎮護国家の大伽藍・武蔵国分寺　福田信夫
53 古代出雲の原像をさぐる・加茂岩倉遺跡　田中義昭
54 縄文人を描いた土器・和台遺跡　新井達哉
55 古墳時代のシンボル・仁徳陵古墳　一瀬和夫
56 大友宗麟の戦国都市・豊後府内　玉永光洋・坂本嘉弘
57 東京下町に眠る戦国の城・葛西城　谷口榮
58 伊勢神宮に仕える皇女・斎宮跡　駒田利治
59 武蔵野に残る旧石器人の足跡・砂川遺跡　野口淳
60 南国土佐から問う弥生時代像・田村遺跡　出原恵三
61 中世日本最大の貿易都市・博多遺跡群　大庭康時
62 縄文の漆の里・下宅部遺跡　千葉敏朗
63 東国大豪族の威勢・大室古墳群〔群馬〕　前原豊
64 新しい旧石器研究の出発点・野川遺跡　小田静夫
65 旧石器人の遊動と植民・恩原遺跡群　稲田孝司
66 古代東北統治の拠点・多賀城　進藤秋輝
67 藤原仲麻呂がつくった壮麗な国庁・近江国府　平井美典
68 列島始原の人類に迫る熊本の石器・沈目遺跡　木﨑康弘
69 奈良時代からつづく信濃の村・吉田川西遺跡　原明芳
70 縄紋文化のはじまり・上黒岩岩陰遺跡　小林謙一
71 国宝土偶「縄文ビーナス」の誕生・棚畑遺跡　鵜飼幸雄
72 鎌倉幕府草創の地・伊豆韮山の中世遺跡群　池谷初恵
73 東日本最大級の埴輪工房・生出塚埴輪窯　高田大輔
74 北の縄文人の祭儀場・キウス周堤墓群　大谷敏三
75 浅間山大噴火の爪痕・天明三年浅間災害遺跡　関俊明
別02 ビジュアル版 旧石器時代ガイドブック　堤隆

●第Ⅳ期　好評刊行中

76 遠の朝廷・大宰府　杉原敏之
77 よみがえる大王墓・今城塚古墳　森田克行
78 信州の縄文早期の世界・栃原岩陰遺跡　藤森英二